垂 钓

郜 斌 编著

吉林文史出版社

目录

第一章　垂钓概述

第二章　传统钓

第三章　台　钓

第四章 海 竿

第一章

垂钓概述

钓鱼起源于古代先民的生产活动，最初只是人类维持生计的一种手段。随着人们生活水平的提高，钓鱼逐渐从生产活动中分离出来，成为一种充满趣味、智慧、活力，格调高雅，有益身心的文体活动。经济学家预言，20 世纪是劳动时代，21 世纪是休闲时代。21 世纪的休闲需求极为旺盛，随着人们休闲时间的增多，垂钓作为一种休闲方式，也越来越受到人们的青睐，并且成为一种时尚。随着垂钓的发展，垂钓已不再仅仅是大众消遣健身的一种方式，已发展成为一项体育竞技运动。我国政府十分重视钓鱼活动，1985 年 9 月 2 日在北京市张家湾举行了我国第一届全国性钓鱼比赛。今天，老钓友越钓越来劲，新人的加入越来越多。为什么会有这么多人喜爱垂钓呢？还是让我们来看看垂钓到底有什么特点和优势吧。

垂钓的特点和优势

不了解钓鱼运动的人往往会认为钓鱼没有多大的运动量，不能算是一种正规的体育运动，不过是退休“老爷子们”的一种无奈的休闲活动而已。实际上，参与钓鱼的运动量是足够大的，其运动量的大小可以自主调控，在运动的同时还必须开动脑筋，是一种体力与脑力相结合的运动方式。因此，要想玩好垂钓不仅要有良好的体力、熟练的操作技巧，更重要的是要有灵敏的思维、坚强的性格。参与垂钓，不仅可锻炼身体，还可修身养性，陶冶情操。现将钓鱼运动的特点和优势介绍如下。

❖ 快乐的运动

钓鱼是一项快乐的运动，可以在轻松愉快的氛围中达到锻炼身体的目的。钓鱼为什么是快乐的运动呢？因为钓鱼不仅有运动量，还是人与鱼斗智斗勇的过程，上鱼瞬间的感觉更是令人神往！无论是初学者钓到的第一条鱼，还是发烧友钓到的第N条鱼，只要是上鱼，都会让你感到无比的喜悦。尤其是在难度大的情况下上鱼、钓上了大鱼，更会让你欣喜若狂。上鱼的美妙感觉是无法用语言来准确表达的，要想体会钓鱼的美妙感觉，只能亲身去体验。

❖ 可自主调控运动量

要想锻炼身体，必须有一定的运动量。其实钓鱼运动的运动量并不是人们想象的那么小。

不同的钓鱼方式其运动量是不同的，台钓、路亚海竿、多根海竿的运动量均较大，“传统钓”则要看上鱼的情况。一般来说，只要上鱼情况好，无论哪种钓鱼方式，不到半天时间是绝对会让你腰酸背痛的，根本不需要担心钓一天都还达不到锻炼身体的目的。真正需要考虑的是要根据身体状况选择适合自己的垂钓方式、适当控制垂钓操作的节奏，使一天的运动量保持在一个合理的水平之中。

此外，从锻炼身体的角度来说，即使是当了一天“空军”（一条鱼都未钓到），钓鱼也还是有一个基本“运动量”的。首先是要起早贪黑，总的“工作时间”长。其次是拥抱了大自然，呼吸了新鲜的空气，有利于身体健康。再次是装备的搬运要花气力。钓鱼总得在水边，而且往往离家较远，将钓鱼装备搬到钓点是要花费气力的，因为全套钓鱼装备往往不轻。即使是开车前往，也有个停车点到钓点的搬运距离。还有就是一天垂钓操作，虽然每次的运动量不大，但次数多，累积的总运动量也不小。小运动量的多次运动正是现在倡导的有氧运动，是健身强体的最佳运动方式。

❖ 垂钓需要斗智斗勇

要想钓到鱼，钓多鱼，不动脑筋是不行的。钓鱼并不是简单地在水边垂钓，而是需要策划的。出钓前要侦察、打听哪儿有鱼，有什么鱼和有多大的鱼，对基本鱼情有了初步的了解，才能制订相应的垂钓方案，选择正确的钓法、钓具、钓饵。到了钓场更是需要临场应变。例如，钓点浮漂无动作，是钓位选择不对还是用饵不对路？浮漂有动作，但扬竿就是不中鱼，是浮漂调得不对还是扬竿的时机把握得不好？鱼情是千变万化的，钓法、钓具必须与鱼情相适应，因此“钓无定法”，必须临场应变，上鱼才是硬道理。

❖ 磨炼意志

参与垂钓可对人的性格有较好的磨炼。鱼情千变万化，对钓者的情绪波动有较大的影响。例如，在浮漂没有动作时需要足够的耐心来守候、等待。出现漂讯要能果断地扬竿，把握住中鱼的机会。垂钓中出现挫折是经常的。如浮漂动作典型，但扬竿就是不中鱼；窝点鱼星一片，但就是不咬钩。这时要能保持心态的平和，不能急躁，冷静地分析其原因所在。即使是扬竿中鱼了，也要保持冷静，不能被胜利冲晕头脑，因为稍有放松，咬钩的鱼也会逃掉。因此，钓鱼运动对于培养人们的耐性、把握机会的能力、承受失败的能力、对待成功的能力等均是十分有益的。

❖ 陶冶情操

古往今来，人们都把钓鱼看作一项有益于身心健康的娱乐活动。人们在垂钓活动中不仅锻炼了身体，还可领略自然风光，陶冶情操。古代很多名人都喜爱钓鱼，并留下许多脍炙人口的佳句。如唐代文学家、哲学家柳宗元的《江雪》:“千山鸟飞绝，万径人踪灭。孤舟蓑笠翁，独钓寒江雪。”唐代诗人张志和的《渔歌子》:“西塞山前白鹭飞，桃花流水鳜鱼肥。青箬笠，绿蓑衣，斜风细雨不须归。”北宋大文学家苏轼有“湖上移鱼子，初生不畏人。自从识钓饵，欲见更无因”的名句。南宋大诗人陆游的词《鹊桥仙》:“一竿风月，一蓑烟雨，家在钓台西住。时人错把比严光，我自是无名渔父。”清代扬州八怪之首的郑板桥的《道情》:“老渔翁夕一钓竿，靠山崖，傍水湾，扁舟往来无牵绊。”

垂钓基础知识

❖ 垂钓的类型

垂钓按照所用钓竿的类型不同，可分为手竿和抛投竿两大类，二者的区别在于手竿类的钓竿不配线轮，所配的钓线较短，垂钓的距离较近。抛投竿则配有线轮，垂钓的距离较远。手竿类钓法的种类较多，如长竿短线的“传统钓”、台钓、国际钓法等。抛投竿钓法也可分为普通海竿和路亚等。普通海竿钓法和路亚钓法的区别主要在于用诱鱼和用饵的思路和方法不同。普通海竿钓法是用鱼类可吃的真饵垂钓，而路亚钓法是用鱼并不能吃的假饵垂钓，依靠在运动中的假饵与真实饵料生物的相似性诱骗鱼咬钩。

我国现在盛行的主流钓法是传统钓、台钓和普通海竿钓法，此外，路亚钓法和国际钓法也开始被钓友们接受。

❖ 影响垂钓成绩的因素

影响垂钓成绩的因素主要包括垂钓难度和垂钓技术两个方面。垂钓难度主要涉及钓场鱼的密度以及鱼的摄食状况。一般来说，钓

场的水体小、鱼的密度大、鱼摄食积极，垂钓的难度就小，就比较容易钓到鱼，甚至钓到较多的鱼。垂钓难度小，对垂钓技术的要求就不高，新手也能钓到足够多的鱼，这也就是许多商业钓场的垂钓难度都设置得很小的重要原因。钓场的水体大、鱼的密度低、鱼摄食不积极或警惕性过高，垂钓的难度就大，要钓到鱼就比较困难，就需要有一定的垂钓技术做支撑。

在垂钓难度小的钓场中垂钓，垂钓技术只影响垂钓的总效率，即只影响总的上鱼量，而不会影响钓鱼的乐趣。即使是新手，在垂钓难度小的钓场中照样能钓到绝对数量并不少的鱼。在垂钓难度大的钓场中垂钓，垂钓技术就显得十分重要。因为垂钓技术太差，就很有可能钓不到鱼，甚至整天连个咬钩的动作都见不到。换言之，钓鱼容易，钓鱼也足够深奥，可以轻松入门，也够你钻研一辈子的，这也正是垂钓的魅力所在。

从钓鱼的过程来看，所谓钓鱼，就是让鱼咬你挂在鱼钩上的钓饵，鱼咬钩后扬竿，将鱼从水中钓出来。因此，要想钓到鱼、钓到较多的鱼，就要遵循以下三项原则。

1. 在鱼多的地方钓鱼

只有鱼咬钩才可能钓上鱼，水中的鱼多，咬钩的概率才会大。因而要在鱼多的地方钓鱼。在鱼多的地方钓鱼包括两层含义，一是水体中鱼的密度要大，这与钓场的选择相关。二是钓点的鱼要多。因为鱼在水体中的分布是不均匀的，要在钓场中鱼多的钓点垂钓。这就是钓友们常说的钓位选择，是垂钓技术的重要组成部分之一。

2. 在鱼摄食积极的时候钓鱼

在鱼摄食积极的时候钓鱼是指出钓时机的把握。鱼只在环境舒适、有安全感时才会积极摄食，只有在鱼摄食积极时才容易钓到鱼。把握好出钓的时机，就能降低垂钓的难度，也是垂钓技术的重要组成部分。

影响鱼摄食欲望的主要因素有二，一是水温，二是水中的溶氧。鱼类是变温动物，水温过低就不会主动觅食。在适温范围内，水温越高，摄食欲望越强。但如果水温过高，摄食欲望反而会减弱。因此，每年的 4－11 月为垂钓的黄金季节，冬季钓鱼往往是比较困难的，夏季垂钓则不宜在酷热的中午进行。鱼需要呼吸水中溶解的氧气来维持生命。水中的溶氧较低，鱼类的摄食欲望就会降低，甚至停食，使得垂钓的难度增大，因而有“鱼儿露头，收竿快走”的钓谚，要回避可能引起水中溶氧减少的天气情况，如气压较低、雷雨前是不宜出钓的。

3. 用鱼喜吃的饵钓鱼

钓鱼的关键是让鱼咬钩，而让鱼咬钩的关键则是钩上的饵鱼要喜欢吃。如果钩上的饵鱼不喜欢吃是不可能钓到鱼的。“三分钓技七分饵”的钓谚说明了钓饵在垂钓中的重要性。“饵料不对，有鱼难上钩”则说明用饵之道是垂钓技术的重要组成部分，用饵必须对路，必须因鱼、因地而异。

这三项基本原则只要落到了实处，就容易钓到鱼，甚至钓到较多的鱼。如果垂钓的操作技艺高，就可钓到更多的鱼，钓到比别人

更多的鱼。钓鱼不难，但钓鱼的技艺也没有止境。

垂钓安全常识

垂钓是户外活动，而且是在水边的户外活动，因此参与钓鱼必须注意安全问题，一般需要注意以下几方面。

❖ 带足备用物品

垂钓要带足钓具，这是最起码的准备工作。需要注意的是，垂钓是户外活动，难免会遇到意料之外的情况，因此出钓前除了检查钓具外，还应备足防护用品。遮阳伞是必需的，雨天挡雨、晴天遮阳。如果是去野钓，需要带足食品和饮水，以及防虫咬的药品以及蛇药。患有心脏病的钓友更不可忘记携带急救药品。此外，夏季垂钓要带

防晒霜，以免晒伤皮肤和晒得过黑。

❖ 宜结伴同行

外出垂钓宜结伴而行，这样可以互相照应，也可免去家中亲人的牵肠挂肚。

❖ 钓位必须选在安全处

垂钓是在水边进行的，必须预防落水的发生。钓位必须硬实，并有足够的空间。钓位除了座椅、钓箱必须能放得平稳外，还要有能够走动的路线，以便中了大鱼时能溜鱼。此外，钓位绝不可选在电线下，尤其是不能选在高压线下，以免出现电击事故。

❖ 注意饮食健康

垂钓要注意饮食健康，野钓尤其要注意。不要饮用生冷、不洁净的水，不宜饮酒，更不宜暴饮。

❖ 钓鱼要适可而止

垂钓时间不宜太长，垂钓过程中，每隔一两个小时应适当休息放松，以消除眼睛和身体的疲劳。患有疾病的钓友，外出垂钓时间更不宜太长，而且要带上急救药品。遇暴风雨不可贪钓，避雨不要在大树下或高坡上，以防雷击。

❖ 夜钓更要注意安全

夜间鱼儿觅食活跃，多数鱼类都有夜间游向岸边觅食的习性，夜钓的收获往往比白天要好，许多钓友乐于夜钓，尤其是在夏季。但夜钓的视线差，行动不便，因而要加倍注意防跌防滑，一切活动都必须在确保安全下进行。要带好照明工具，最好头灯、射灯各备一盏。夜间是蚊虫、毒蛇等的活动时间，夏夜尤甚。因此，夏夜在水边垂钓，尤其要注意防范蚊叮、蛇咬，带足防蚊药。昼夜温差大，夜钓的保暖御寒很重要，要多带衣物。

第二章

传统钓

传统钓概述

❖ “传统钓”的概念

“传统钓”给人的感觉是“传统钓法”的简称，顾名思义，祖宗传下来的钓技、钓法。我国民间流传、使用的各种具有特色的钓技、钓法都属于传统钓法的范畴。

我国是文明古国，从黄帝、尧舜时期的骨制鱼钩，到明清的《侍女垂钓图》；从简陋的竹竿、芦苇秆到玻璃钢竿，再到碳素纤维竿；从汉代发明的曲轴、唐代的钓车，到现代的线轮；自沉钩底钓发展到戳拱钓、长竿短线钓、浮钩钓；我国的钓具、钓法在不断传承、发展、更新。

我国各区域、各民族所生活的不同地理环境、不同的气候条件、

不同的水域、不同鱼情特点，形成了各地众多的民间钓法、流派。在我国的传统钓法中，既有长竿短线钓法，又有短竿长线钓法、齐竿线钓法;既有重坠钓法，又有轻坠钓法，甚至重坠有不同程度的重，轻坠有不同程度的轻；既有粗线大钩，也有细线小钩；既有沉底坠，又有悬坠；既有星漂，又有立漂；既有手竿，又有抛竿等。

按钓线的长短来分，有以朝天钩、七星漂、长竿短线钓法为代表的东派（长江流域、华东地区），以长竿长线加风标钓（甩大鞭）钓法的北派（黄河以北及东北地区）。

按漂的使用情况可分为立漂、星漂、无漂（如绷尖钓法、重坠弃坠钓法）等。立漂是现在最常见的传统钓法。星漂是由数个小浮子构成，目前仍有许多中老年、少年及农村钓友在使用星漂钓鱼。过去，星漂是用鹅毛梗自制而成，现已普遍采用白色或彩色塑料泡沫细棒或枣核形塑料泡沫粒。星漂有的用五粒，有的用七粒，称之为五星漂或七星漂。星漂的灵敏度比较高，原因有二：一是由于钩线漂同在一根钓丝上，钩动漂移，饵钩的任何运动轨迹，都可在漂上毫不走样地显示出来；二是星漂细小、阻力小力也小，只能配很轻的坠（例如，小于 0.3 克）。超轻坠可大大降低鱼的吞饵障碍。目前，冬钓鲫鱼时，星漂钓组仍然是十分实用的。

无漂传统钓法是在急流中垂钓的特殊钓法。由于水流较急，根本无法观漂，故采用重坠，而不用鱼漂。例如，绷尖钓法，就是绷直钓线，绷紧竿尖，见竿尖颤动或弯曲提竿，十分实用，而且科学。重坠、弃坠钓法是在湍急的河流（例如，金沙江）中更为特殊的无漂钓法。在湍急的河流中，不仅无法看漂，而且坠子稍轻一点钓饵就无法沉底，河底的乱石还易卡住坠子，以致无法拉起钓钩。重坠、弃坠钓法采用拳头大小的石块做坠，拴以细线，既可使钓饵沉底，又可以弃坠拉鱼。

从用饵的角度看，有简单但经久不衰的万能蚯蚓饵（动物性钓饵），有植物籽实饵，如玉米粒、米粒等。面食的运用上更是丰富多彩，不仅有各种植物性原料的配方比例（民间流行的各种各样配方），还有不同的加工工艺，如炒、蒸、发酵等。从聚鱼方式看，除了最基本的打窝外，有包食钓法、摇卵钓法，还有盛行在广东、广西的蘸粉钓法等。在传统钓法中还盛行诱食剂的使用，民间流行着各种各样的诱食剂配方。

传统钓鱼不仅是一项单纯的体育活动，还是一种文化现象，是中华民族宝贵的非物质文化遗产。因此，传承和发扬传统钓是当代钓鱼人义不容辞的责任。

目前，钓鱼界中提起“传统钓”，往往是特指“长竿短线”这一种类型的传统钓法。“传统钓”一词始于20世纪90年代末，是为了比较、区分我国“老式”的主流钓法与新传入的台湾钓法的差异而出现的。这样使用“传统钓”一词，使得“传统钓”的定义变得十分狭窄，只是特指“传统钓”中的一种钓法，不再是全部的传统钓法。因此，现在的“传统钓”，不再是由传统钓法简称而来的传统钓了。虽然“传统钓”这种叫法不准确，但现在已约定俗成，被广大钓友所接受。本书仍将使用“传统钓”是长竿短线钓法的定义，但在传统钓一词上打上引号，以示区别。

❖ 技术装备特点

现在的“传统钓”是指传统钓法中以长竿短线为基础的一种钓法，其技术装备特点包括以下四个方面。

“传统钓”是长竿短线。所使用的钓竿长度较长，但钓线的使用长度短于竿长。而台钓的钓竿相对较短，钓线为齐竿线，钓线与钓竿等长。

“传统钓”是沉坠钓法，垂钓时铅坠沉底。而台钓为悬坠钓法，垂钓时铅坠悬浮水中。垂钓时铅坠在水中的不同状态，导致“传统钓”与台钓的漂讯特点有很大的差异。“传统钓”的漂讯出现较晚，鱼咬钩后需要先带动铅坠才能带动浮漂发出漂讯，但漂讯的中鱼率高，漂讯容易把握。台钓的漂讯出现较早，在鱼吞钩入口之时浮漂就能发出漂讯，漂讯的把握需要丰富的垂钓经验，而且垂钓时必须全神贯注。

“传统钓”一线到底，没有明确的主线、子线的区分。而台钓的钓线分为主线、子线两部分。

“传统钓”使用有倒刺的钓钩。而台钓使用无倒刺钩。

虽然“传统钓”现在大多是指具有上述综合特点的钓技、钓法，但许多钓友并不认同这种定义，“传统钓”的超级高手尤其如此。例如，许多高手使用了真正的子线，早就不是一线到底。此外，“传统钓”的基础只不过是长竿短线，其线组在不断变化发展之中。不少“传统钓”发烧友早就在使用空钩半水调平水的调漂方法，这种调漂法实际上已是“悬坠”了，只不过是长竿短线的悬坠钓法罢了。

❖ “传统钓”的性能特点

“传统钓”博大精深，源远流长。“传统钓”能流传千年而经久不衰，说明“传统钓”有其独到的科学性。“传统钓”的核心是长竿短线和沉坠漂系。长竿短线是“传统钓”的基础，沉坠漂系则是长竿短线的优势得以充分发挥的保证。

1. 长竿短线

所谓长竿短线，就是所用的钓竿较长。“传统钓”常用的竿长

为 8 ～ 10 米，高手们用的大炮级长竿可达 10 多米。竿长的优势在于可使钓点更远一些。正是由于钓竿较长，单手抛竿不便，“传统钓”在出竿施钓时是双手握竿将钓饵送出。这种出竿方式不需要太多的操作技巧就可做到精确地定点垂钓，而且是远距离的精确定点垂钓。

“传统钓”钓线的使用长度较短，扬竿时的力量传递迅速，中鱼后的控鱼性好。

综上所述，长竿短线这种钓具组合的特点是能远距离精确定点垂钓，而且控鱼性好，这是“传统钓”能在草洞、荷叶间施钓的重要原因。但是，“传统钓”的这种优势是以牺牲上（换）饵、调漂、摘鱼等诸多的操作不便换来的。

2. 沉坠漂系

长竿短线在操作上的不便，使得“传统钓”在垂钓时必须讲究成功率。“传统钓”采用了沉坠漂系和有倒刺的钓钩。沉坠漂系与台钓的悬坠漂系相比，的确比较迟钝，但不表明沉坠漂系落后，而是“传统钓”技术系统的需要。沉坠漂系的漂讯有着鲜明的特点。由于铅坠沉底（铅坠的重力大于浮漂的浮力），要使浮漂运动发出信号，必须克服铅坠的重力和在铅坠水中的阻力，才能带动浮漂运动，因而沉坠漂系的漂讯一般不是鱼吞钩入口的瞬间发出，大都是鱼吞钩后鱼体的运动所致。沉坠漂系一旦发出漂讯，即可确定鱼已吞钩，加上有倒刺的钓钩使鱼吐钩困难，因而中鱼率较高，漂讯容易把握。

由于“传统钓”沉坠漂系的特点，使得“传统钓”又具有了诸多的优势。例如，不追求过高的灵敏度，使得调漂变得方便、快捷，使得快速换位成为可能，使之能适应钓点复杂的底部状况（台钓的钓点底部必须平坦），使得对浮漂、钓线的要求放宽了标准等。

❖ “传统钓”的优点

“传统钓”精确定位、沉坠漂系的两大技术特点，使得“传统钓”具有适应性强、机动性好、入门神速的三大优点。

1. 适应性强

“传统钓”具有极强的适应性，几乎是想钓就钓，受环境条件限制的影响较小。“传统钓”这种极强的适应性使其不受环境条件限制，可完全按照鱼类的活动规律来科学选择钓位。“传统钓”的适应性主要表现在以下两个方面。

（1）水浅不影响垂钓

在一些地区（如江南），很多水体的近岸区域只有 0.5 ～ 0.7 米的深度，使台钓的运用受到了限制（台钓要能正常垂钓，至少要求水深达到 1 米左右）。“传统钓”不太在意水的深浅，0.5 米甚至更浅的浅水照样可钓。

（2）对钓点没有严格的要求

很多自然水域的钓场环境恶劣，没有现成的钓位。“传统钓”并不在意，甚至只要水边能站人就行；而台钓不仅要求水边要有一块能放下钓箱的小平台，还要求钓点的水底平坦，否则无法施钓，至少钓技不到家的新手无法施钓。

钓谚曰“钓鱼不钓草，等于瞎胡跑”，也就是说自然水域中的草洞、荷叶间，或水中其他障碍物附近，都是鱼类喜欢集聚的地方，是垂钓的好钓位。“传统钓”能准确、轻盈地把诱饵、钓饵送到这些狭窄的钓点，上鱼率很高。如果水中障碍物多，台钓则无法施钓。

2. 机动性好

“传统钓”的装备较少，因而具有良好的机动性。台钓的基本装

备是三大件，竿包、钓箱、渔护包，标准的台钓装备就是拥有一辆摩托车都难以自由出钓。而“传统钓”根本不存在这些问题，一个小竿包，一个塑料袋（装钓饵、简单渔护），有辆自行车就可搞定，机动性好，特别适应野钓打一枪换个地方的“游击”战术。

“传统钓”的机动性还表现在换位方便上。“传统钓”的装备少，想换位拿着家当就可走。找底方便、快捷，到了新的窝点可以迅速开钓，因而“传统钓”可以打多个窝点，轮窝跑马钓。只要有一个窝点聚鱼好，就可钓得爽了。而台钓的装备多，换位时一次搬不完全部装备，换到新钓点又得精确找底，不是高手是不宜轻易换位的。

3. 入门神速

“传统钓”的垂钓效果在很大程度上取决于钓位的选择和用饵对路上。即使你从未摸过钓竿，只要钓场的鱼多，选择了正确的钓位，只用蚯蚓做钓饵，照样可以钓到鱼，有时还相当不错。“传统钓”在初级阶段不需要掌握很多的技巧性操作，只要你想钓，拿起钓竿就可开钓。不像台钓，没有一个学习过程，不会调漂，不会出竿，你就完全无法垂钓。

小贴士

“传统钓”能远距离精确定点垂钓，控鱼性好；入门神速，不学自会；以不变应万变，装备简单，机动性强；适应性超强，可钓浅水、草丛。

快速入门

入门容易是“传统钓”的一大特点。只要你想玩“传统钓”，不需要专门的操作。

“传统钓”的操作过程包括铅坠配重、钓具组装、打窝、找底、上饵、出竿开钓，出现漂讯，你的第一条鱼可能就钓上来了。

❖ 铅坠配重

“传统钓”的铅坠配重在某种意义上讲就是台钓的调目调整。一般以在水族箱中进行为宜，方法如下。将装配好的“传统钓”的线组从线轮中抽出一段，插上浮漂，在铅皮座上挂上一块较大的铅皮，将线组抛入水族箱中。所挂的铅皮要够大，使浮漂能沉入水中，并且铅坠是横卧水底。以后，一点一点地剪去铅皮，直到铅坠以竖直状态触底为止。这样的配重调整标准称为“竖坠触底”，其灵敏度适中，比较适合初学者和老年人作为休闲垂钓使用。

如果必须在钓场调漂，只能采用无钩半水调平水的方法。无钩半水调平水实际上调的是“竖坠轻触底”，比“竖坠触底”更灵敏一些，也可在无钩半水调成平水后再略加一点铅皮，使之成为“竖坠触底”。

❖ 钓具组装

现在的“传统钓”钓竿多为拔节式，线组都是收在专用的小线轮中。先将钓竿拔出 1 ～ 2 节，再将小线轮套到钓竿上，以卡住不动为准。然后，松开小线轮上的锁线钮，拉住钓钩抽出一段线，拉出线的长度以预计钓点的水深 1 米为宜，再将锁线钮拧紧。将钓线上的气门芯移至竿尖与小线轮之间；将主线上的第一个浮漂座套在竿尖上，如果竿尖太细，可在浮漂座中再塞些牙签之类的小棍，使浮漂座能固定在竿尖不动即可。最后，插上浮漂，钓具的组装宣告完成。

❖ 打窝

打窝宜尽早进行，以保证有足够的时间将鱼诱聚到钓点。钓具组装完成就要先调打窝的诱饵。出竿比试一下钓点的位置，然后可将调好的诱饵捏成团，抛入钓点打窝。这时可打宽窝，但量不宜太大。

❖ 找底

打完宽窝就该进行找底了。由于铅坠的配重大于浮漂的浮力，出竿将钩送到钓点，如果浮漂没入水中，表明水较深，需将浮漂向上移动。如果浮漂露出的目数较多，甚至横卧水面，表明水较浅，需将浮漂向下移动。一般以浮漂露出半目或 1 目为宜。

注意，“传统钓”一般以水深加 1 米为钓线的使用长度。因此在找底的过程中，要注意钓线总长度的控制，根据钓点水的深浅，通过线轮适当收放钓线。

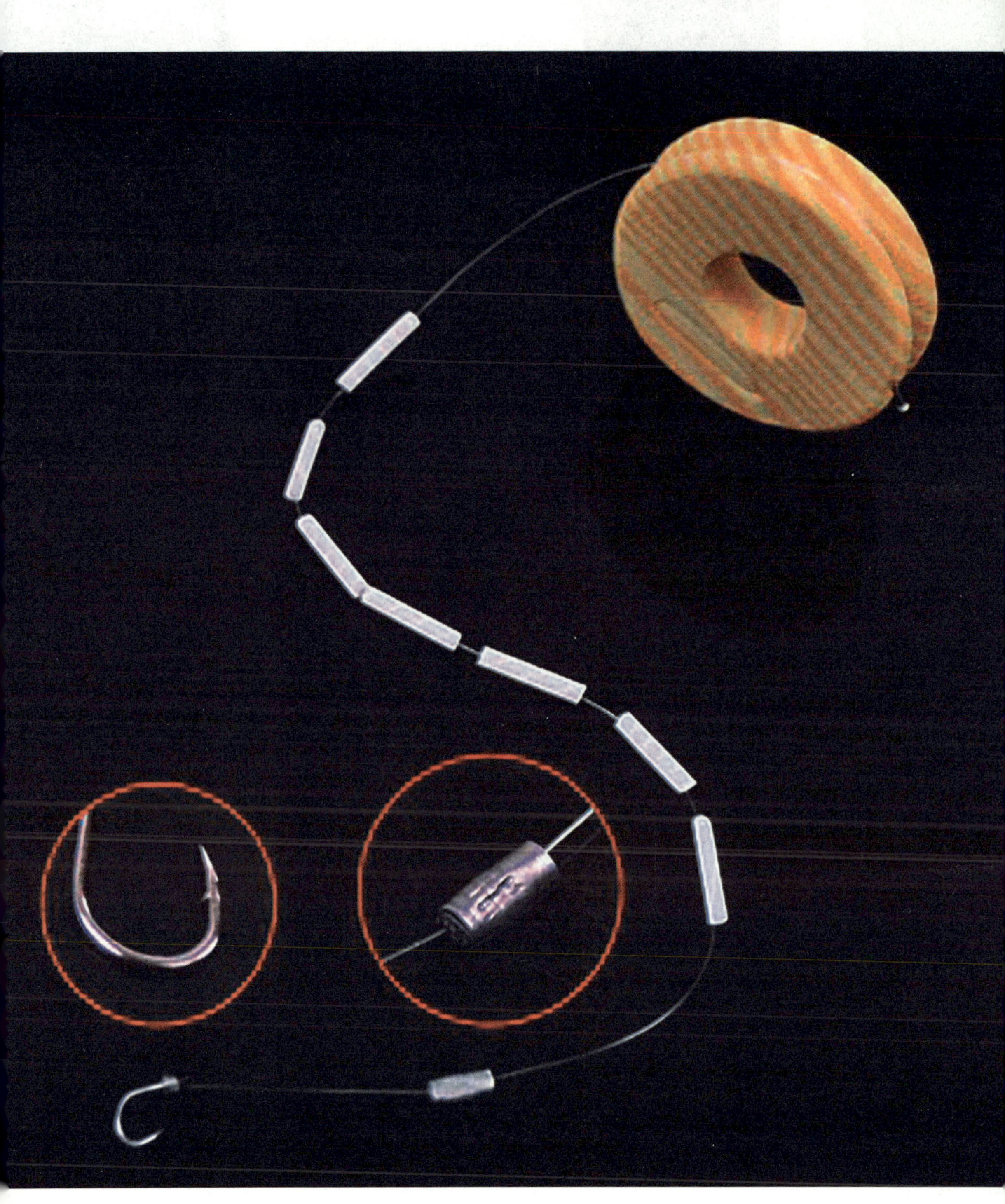

如果配备有竿架，找底完成就可将竿架支起。

❖ 上饵

找底完成、竿架支起，垂钓前的准备工作就一切就绪，上好钓饵就可开钓了。“传统钓”一般多用蚯蚓做钓饵，也可用面食。上蚯蚓的方法主要有两种，现介绍如下。

从头部刺入，顺势穿入钩体，多余部分挂在钩尖之外，露在钩外的蚯蚓尾不停地蠕动，可起诱鱼的作用。这种装钩方法仅适用于较小的蚯蚓，大蚯蚓由于露在钩尖之外的部分过长，蚯蚓可能会从钩上脱逃或掉落。若大蚯蚓要用此法装钩，可先将蚯蚓从蚓环的下方按需要长短掐断，一般以两倍钩体长为宜，按上述法装钩即可。

在距蚯蚓头部约 1 厘米处刺入，顺势将蚯蚓穿入钩体一小段，使钩尖穿破蚯蚓体露出，间隔 1 厘米后再将钩尖穿刺在蚯蚓体上。这样，不用掐断蚯蚓就可将较大的蚯蚓装在钩子上，还可增加钓饵的分量。

❖ 出竿开钓

出竿是一个看似谁都可以不学即做的简单操作，实际上出竿是需要有一定技巧的。也就是说，出竿虽然容易，但真正要能出好竿是需要练习的。出竿是“传统钓”的一项重要的基本功，因为出竿的操作手法关系到能否充分发挥“传统钓”精确定位垂钓的优势。

对于初学者，简单实用的出竿方法是“对准参照，垂直放下”。具体的操作方法如下。

上（换）好饵，钓竿斜着向上伸出，同时逐节拔出钓竿，直到将钓竿全部伸展开。在这个过程中要注意保持钓竿一直斜着向上，以免钓饵过早入水。钓竿全部伸展开后，对准选定的参照物缓缓放平钓竿，钓饵入水后沉底，浮漂浮起即完成整个出竿操作。出竿时要尽量保持竿、线的平稳，对准参照物后垂直放下即可。“对准参照，垂直放下”是出竿操作最基本的要求，可保证钓点的大致准确。注意，初学者出竿时不要荡竿，否则出竿的精确性太差。

采用“对准参照，垂直放下”的方法出竿，初学者在钓场鱼密度较大时的垂钓效果还是相当不错的，只是偶尔玩一下休闲垂钓，按照“对准参照，垂直放下”的方法出竿就足够了。如果有兴趣在垂钓上继续深入，最好一接触“传统钓”就严格按照规范的出竿手法练习，否则一旦形成了不好的出竿习惯，再想规范操作就比较困难。下面将出竿的规范操作方法介绍如下。

出竿施钓时动作要轻，动作幅度不能过大，不应有抖竿、颠竿的现象出现，做到平稳出竿，这是提高钓点精确度的前提。如果采用包食、摇卵等钓法，平稳出竿就显得更加重要，否则钩上的饵团会因为抖动而过早脱落水中，从而带来麻烦。要保证钓点的精确定位，

除了要平稳出竿，还必须有效地控制出竿方向（左右）和出竿的长度（远近）。

1. 方向控制

方向控制是利用两点成一直线的原理来进行。“两点”是指岸上钓位附近的某个固定点（近点）和所选定的参照物（远点）。近点可选用竿架、座椅，或者钓者自己的膝盖；远点（参照物）可用垂钓水体对岸的一棵树或水中的某个固定不动的物体等。出竿时钓竿以近点为起点，竿尖指向远点参照物，这样两点成一线，就能保证每次出竿都能将诱饵料投放到同一方向上。

需要注意的是，仅凭竿尖对准参照物是不能精确控制方向的，必须是在钓竿的末端位置保持不变的情况下，竿尖对准参照物才能保证每次出竿的方向一致。

2. 远近控制

钓竿的长度是不会变的，似乎将钓竿伸出不会造成距离长短的差异。但是，如果出竿时，手在钓竿上握持位置不同、出竿的手法不同（如送竿与否、荡竿与否等）、钓饵的重量不同（钓竿的弯曲程度），都会造成钓饵的落点出现远近的差异。因此，要精确确定窝点位置，必须尽可能保持每次出竿动作的一致性，尤其要注意以下几点。

（1）控制操作的系统误差

控制操作的系统误差是指每次出竿要采用相同的姿势和方式，使钓竿伸出的长度保持一致。例如，在打窝和垂钓时，手在钓竿上的握持部位要确定在一个固定的位置上，使钓竿的实际使用长度保持一致。要采用同一种出竿方式，如想让钓点远一点，可身体前倾、两手向前伸出送竿，但要注意保持身体前倾角度的一致性。注意，初学者不宜采用送竿的方式，虽然能使钓点远一点，但精度差，不易掌握。

（2）确定精确窝点

钓饵送入窝点后，钓竿放至竿架或握竿在膝盖上，注意钓竿末端的位置要保持一致，再观察浮漂在钓竿第一节上的位置，记住这个点，这个点就是窝点的精确位置。以后出竿都按上述方法操作，并不断修正。每次钓饵入水后，浮漂都出现在钓竿第一节上的某个固定位置，这样就能确保每次出竿都能够准确定位到窝子中了。

以上是“传统钓”施钓的过程，打好窝子，将竿送出，稍等片刻就可能来个大送漂，哈哈，一条鱼就这样被轻松地钓上来了，不信你就试试吧。

小贴士

“传统钓”也需要调漂，但以在水族箱中进行铅坠配重为宜，一般调到“竖坠触底”即可。“传统钓”以精确定位垂钓见长，垂钓时必须注意钓点的精度控制。初学者可采用“对准参照，垂直放下”的方法出竿。发烧友则需要掌握精确出竿方法。如要取得好的垂钓成绩，关键在于钓位的选择、钓点精度的控制水平。

器材装备

❖ 必备器材

“传统钓”的必备器材主要有钓竿、浮漂、钓线、钓钩、铅坠等，现分别简单介绍如下。

1. 钓竿

“传统钓”的各类钓法，其钓竿的性能有很大的相通之处，这里只从“传统钓”的角度简单地谈谈在选购钓竿时应注意的事项。

“传统钓”的钓竿以拔节竿为主，从材质来看，可分碳纤竿、玻璃钢竿两种。碳纤竿轻巧纤细，但价格要稍高一点；玻璃钢竿粗壮，较重，但价格要便宜一些。“传统钓”施钓时不必单手抛竿，钓竿略重一点尚可忍受，对垂钓操作的影响也不是太大，从价格的角度看，玻璃钢竿有它的优势，还是可以考虑购买的。

从钓竿的收缩长度看，“传统钓”的钓竿有长节竿和短节竿两种类型。在竿长相同的情况下,长节竿的节数要比短节竿少。“传统钓”在垂钓时需要不断地伸、缩钓竿，钓竿的节数多了操作不便，因此在挑选钓竿时宜尽量选择长节竿。

从钓竿的调性来看，“传统钓”的钓竿同样有软硬之分。钓竿越硬，钓竿的控鱼性能越好，强度也越高。软竿也有软竿的特色，控鱼性虽然稍差一点，但缓冲性好，能提高中鱼后的起鱼率。竿子稍软一点问题并不是很大，但必须有足够的腰力，不能一软到底，这在钓竿选购时要特别注意。“传统钓”不可能像台钓那样钓快鱼，调性的软硬在使用时的差别没有在台钓中那么明显。钓竿的强度对“传统钓”钓竿来说十分重要，因为“传统钓”常常是野钓，野钓时上鱼的规格有时会出乎意料。钓竿是选硬竿还是软竿，要根据自己的

垂钓喜好来定。

从钓竿的长度看，初学者以 8 米左右的钓竿为宜。钓竿太短，钓点过近，会使垂钓受到许多限制。钓竿过长，10 米以上“大炮”级的超长竿没有丰富的垂钓经验是很难玩转的，因而不适合初学者。

2. 浮漂

“传统钓”注重的是咬钩的成功率，因而单从浮漂的灵敏度上看，

“传统钓”远不及台钓灵敏，但并不能以此为据就说“传统钓”落后。一种钓技钓法的先进与落后，要以其实际垂钓效果的好坏来判断。

“传统钓”所用的浮漂多为塑料漂，价格与台钓漂（数十到数百元／支）相比实在是太便宜了，一般的仅 1 元一支。“传统钓”浮漂也为竖漂，浮漂的形态与台钓漂相似，但其漂体一般比台钓漂粗壮些，示漂较粗，而且颜色鲜艳，在水中十分醒目，因此“传统钓”观漂十分方便。“传统钓”浮漂有大小之分，一般大漂适合钓深水、钓大鱼，小漂适合钓浅水、钓小鱼。在选购时，只要浮漂不吸水，浮力不发生变化，大漂、小漂各来一支即可。

此外，“传统钓”在钓鱼时，尤其是浮钓鲢、鳙鱼，不少高手喜欢采用浮力大的小球漂、带示漂的大肚漂或者柱状的竖漂等。

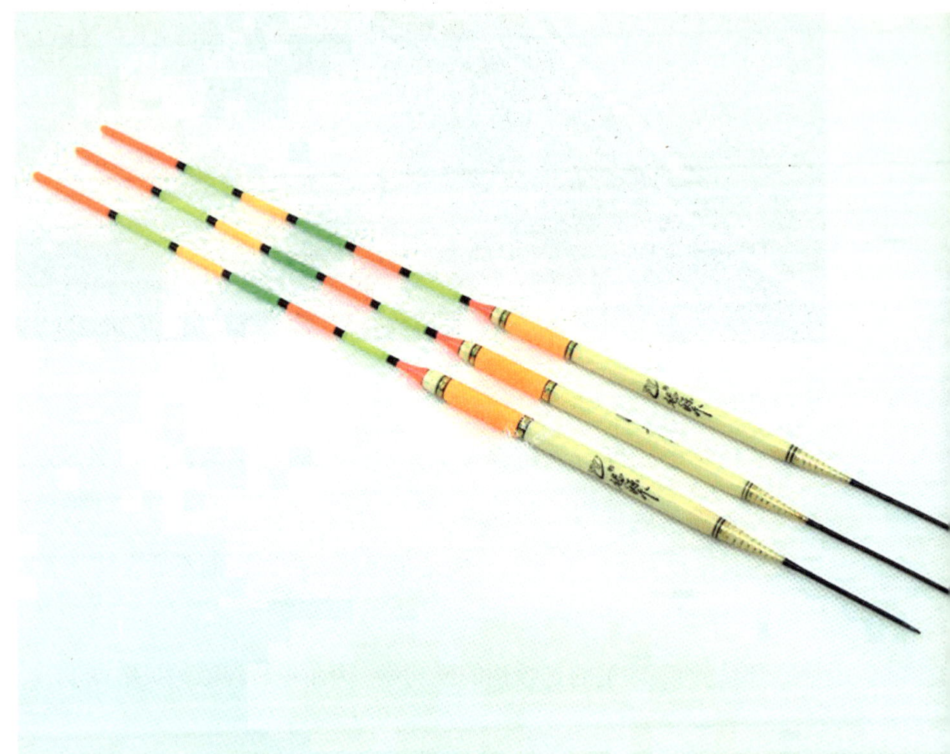

3. 钓线

（1）关于“传统钓”钓线的误区

关于“传统钓”的钓线，存在着两大误区：一是“传统钓”一线到底，没有主线、子线的区分；二是“传统钓”不讲究用线技巧，一味地大线大钩。

在“传统钓”的狭义定义中，“传统钓”是一线到底，没有主线、子线区分的。这种观点其实是不全面的。虽然有许多垂钓爱好者的确是一线到底，但真正的“传统钓”高手是使用主、子线的钓线系统的。台钓普及后，更是有许多钓友吸取了台钓钓线的优点，将子线运用到了“传统钓”的线组中。

“传统钓”并不是一味地大线大钩，“传统钓”高手也都是配备着粗细不同的多副钓线。大钩粗线钓大鱼，小钩细线钓小鱼，这应

该是垂钓的基本常识。“传统钓”高手是使用主、子线的钓线系统的。

“传统钓”中的确存在着用线偏粗的现象，其原因是多方面的。例如，“传统钓”多为野钓，存在着上大鱼的可能，客观上线不能太细。钓友常常憧憬着上大鱼，对小鱼有些不屑一顾，主观上不愿用细线，担心万一碰上大鱼线细了搞不定。粗线对上小鱼有不利影响，但也不是绝对的。野钓时钓的是生口鱼，鱼吃食积极时对粗线也并不是太在意，粗线也能钓到小鱼，当然上鱼率还是要差些的。

（2）主线与线轮

现在“传统钓”的主线一般都是装在专用的小线轮中的。但由于垂钓配件的不断发展、更新，“传统钓”的主线有多种装配方法。买线时渔具店一般都会为你免费装线，你只要确定装线的方式即可。

最简单的“传统钓”线组是“一线到底”，其中气门芯是起小线轮到竿尖之间的钓线不下塌的作用，第一个浮漂座起钓线与竿尖的连接作用。如果使用玻璃钢钓竿，竿体较粗，只用气门芯就可将钓线与竿尖连接起来。图中的线组是玻璃钢钓竿所用，故仅只有一小段气门芯。第二个浮漂座起固定浮漂的作用。铅坠使用通心的梭形坠。由于梭形坠的重量不能改变，当坠与漂的浮力不相配时就不得不用数个铅坠。

中间的是稍做改良的“传统钓”线组，仍为“一线到底”，但引入了太空豆。太空豆的引入使“传统钓”线组具有活动坠及可调节长度的“类子线”，可有效提高线组的灵敏度。其组装方法如下：

（气门芯 + 浮漂座）+ 漂座 +（太空豆 + 通心坠 + 太空豆）+ 类子线。

随着台钓的普及，许多钓友将台钓的线组配件运用到“传统钓”中，出现了台钓式的“传统钓线组”（图中最下面的线组）。其组装方法如下：

（气门芯 6 + 浮漂座 + 太空豆 + 漂座 + 太空豆）+［太空豆 +（铅皮座 + 铅皮）+ 太空豆］+8 字环 + 子线。

其中（太空豆 + 浮漂座 + 太空豆）中的两粒太空豆起调漂时指示水深的作用。［太空豆 +（铅皮座 + 铅皮）+ 太空豆］中的两粒太空豆起活动坠的定位作用。子线有的钓友用单子线，也有的用双子线。

"传统钓"是沉坠钓法，其漂系不过于追求灵敏，钓线的选用主要考虑其强度，钓线的强度能承受对象鱼的拉力即可。因此，"传统钓"是平民钓法，所用钓线没有台钓那样神秘。一般正规厂家生产的就可以了，1 号、2 号、3 号钓线各备一副就足够用了。

小线轮中的储线量一般与钓竿的长度相当，以应对垂钓时不同的水深。"传统钓"以长竿短线为特色，"长竿短线"是指钓线的使用长度比钓竿要短，因此"传统钓"钓线的使用长度为水线长度（钓点水深）再加 1 米左右的风线。风线如果太短，扬竿时浮漂容易和钓竿打架。如果风线过长，力量传递不畅，易出现扬竿偏晚的现象。

（3）子线

在狭义"传统钓"的定义中，传统钓是一线到底，没有主、子线之分的。但是，"传统钓"的铅坠与钩并不是紧挨着的，二者间通常相距 5 ～ 10 厘米，铅坠与钩之间的这段线即使是一线到底，但实际上也起着降低鱼咬钩警惕性的作用，这也是子线的作用之一。此外，"传统钓"高手其实也用真正的子线，只不过是不够普及罢了。

在"传统钓"中，子线长度的确定也是临场应变的技术之一。子线的长短必须与钓场的鱼情、水域、地形的实际情况相适应。例如，鱼抢食凶，子线宜长不宜短，如在流速较快的江河、清澈见底的浅滩、夏秋季节中垂钓。如果鱼不抢食，而总是要先试探性啄食后再吞钩，子线宜短不宜长，例如，在静水、深水、混水、初春和

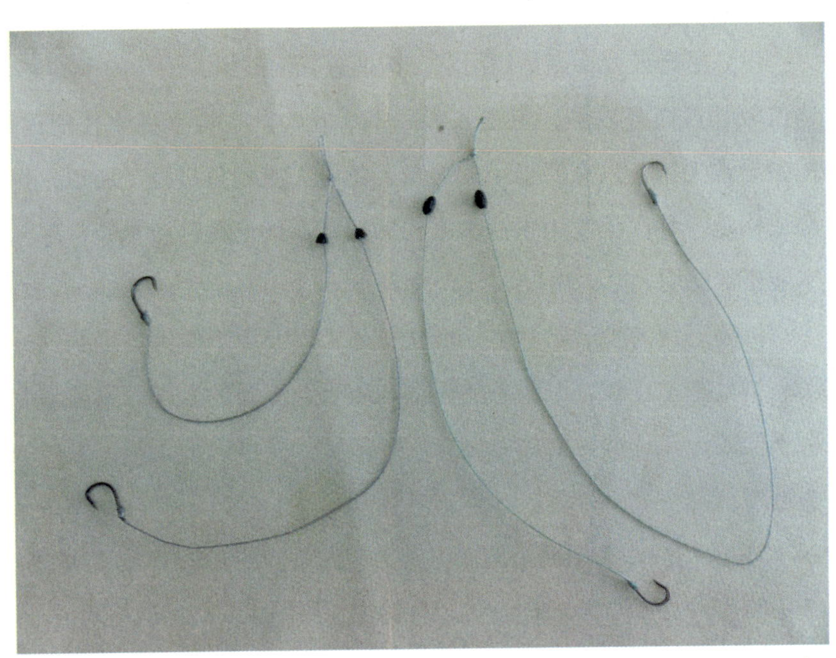

深秋季节中垂钓。此外，子线的长短与钓点的水底状况相关。在有杂草或其他障碍物的水域垂钓，主线宜短，而在无任何障碍物的水域垂钓，主线宜长。

“传统钓”高手一般多选用柔软型的钓线做子线，子线长 5 ～ 10 厘米，这样可使鱼咬钩时的阻力很小。有的还使用能沿主线自由移动的活动空心坠。采用活动坠，可大大减少吞钩后又吐钩的现象，使送漂反应更加灵敏。

4. 钓钩

“传统钓”用钩与台钓有明显的不同，“传统钓”主要用倒刺钩，而台钓则只用无倒刺钩，这是两种钓法的不同特点所决定的：“传统钓”可选用的钓钩种类有伊势尼钩、伊豆钩、千又钩、小矾、丸世、海夕等，但在淡水“传统钓”中，以伊势尼钩最为普遍，初学者只要配备了不同大小的伊势尼钩就基本够用了。

伊势尼钩最大特点是钩门宽，钩柄短。钩条粗，钩条的硬度好。钩苗较长，而且内翻，鱼吃入嘴后不易吐钩，吃钩率高于长柄钩。钩尖异常尖锐，只需要很小的力量，就可完成刺鱼过程。所以，伊势尼钩是一种广泛使用于淡水垂钓的钓钩，无论哪种淡水鱼，都基本能正常使用。

伊势尼钩的生产已基本标准化，各个厂家生产的伊势尼钩的外形、型号基本一致，但钩条的粗细和质量，不同的生产厂家还是有所不同的，在选购时要注意区分。一般小号的可选细条钩，大号的要选粗条钩。

“传统钓”用钩同样是遵循“大钩钓大鱼、小钩钓小鱼”的原则。常用的钓钩型号为5～9号钩,较台钓用钩要略大一些。这是因为“传

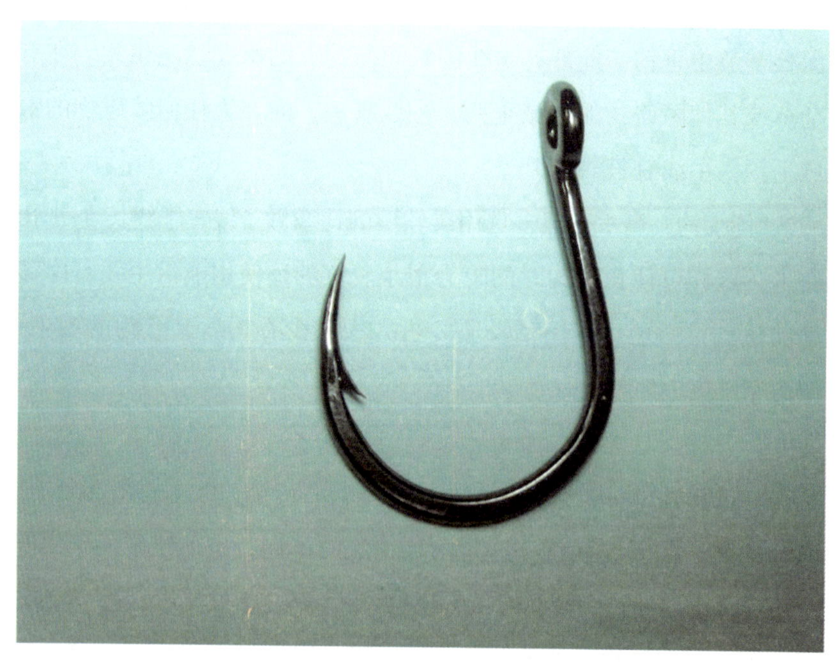

统钓”的垂钓操作不是很方便，很少有人愿意专钓小鱼。放弃钓小鱼，钩子自然就用得大一些了。其实以伊势尼钩的强度（质量达标），即使是细条钩，对付 1.5 ～ 2.5 千克的鱼也是够用了的。钓钩过大，会影响鱼吞钩，于垂钓不利。故有高手认为在摸不准鱼情的情况下，应遵循“宁可小 1 号也不大 1 号”的用钩原则。用钩过大，实际上是彻底放弃钓小鱼。但垂钓时的实际情况是以上小鱼为主的，野钓尤其如此。因此钩的大小要适当，要能大小兼顾，以免影响战绩。

小贴士

“传统钓”用钩的原则：宜用有倒刺的钓钩，以伊势尼钩采用得较多；“大钩钓大鱼、小钩钓小鱼”是用钩的基本原则，在摸不准鱼情的情况下，“宁可小 1 号也不大 1 号”；野钓时用钩要注意能兼顾上大小鱼。

5．铅坠

在铅皮加铅皮座的铅坠系统出现之前，“传统钓”用的是带有穿孔的梭形固定铅坠，由于铅坠是定形产品，给铅坠的配重带来了麻烦。这是导致许多钓友不注重铅坠配重调整的一个重要的客观原因。

随着台钓的传入，铅皮加铅皮座的铅坠系统得到普遍使用，固定铅坠已趋于被淘汰之势。采用铅皮加铅皮座的铅坠系统便于铅坠配重的调整，可避免铅坠配重过大造成的灵敏度过低的缺点。此外，高手们还采用能沿主线自由移动的活动坠，来提高浮漂的灵敏度。活动坠沿主线自由移动的范围一般为 10 厘米，坠的上下两端用太空豆固定。

❖ 辅助设备

“传统钓”的辅助装备主要有竿架、鱼护、抄网、折叠椅等，其

他的如遮阳伞、太阳镜、摘鱼器等则是各种钓法都通用的物品。

1. 竿架

“传统钓”也需要使用竿架，但只能算是辅助装备。有了竿架，钓竿就有了一个安全的放置位置，上鱼频率不高时将钓竿放在竿架上，可免去端竿的劳累。“传统钓”竿架的种类很多，但原理都是一样的，即前面一个支点将竿子托起，后面一个钩子压住钓竿的末端，从而使钓竿保持水平状态。

2. 鱼护

“传统钓”的鱼护比较简易，而且不带脱钩器。这是因为“传统钓”一般以野钓为主，上鱼频率不高，故对鱼护没有过高的要求。

3. 抄网

“传统钓”的抄网与台钓有所不同，其网布必须是大网目的稀网，

而不像台钓用密网网布。这是因为“传统钓”用的是有倒刺的钩，如果有倒刺的钩挂在密网网布上，是很难取下的。

4. 折叠椅

“传统钓”不需要专门的钓箱，但也还是得配个折叠椅，坐着垂钓总是会舒服些。

实战技巧

按照现在狭义“传统钓”的定义，“传统钓”具有长竿短线、铅坠沉底两大特点。长竿短线的钓具组成使得调漂、换饵、摘鱼等操作必须收缩钓竿才能进行，因而“传统钓”的技法特点只能沿着提高成功率的途径发展。长竿短线虽然存在操作上的不便，但也为精确定位打下了物质基础。所以，“传统钓”的技巧大都是围绕如何发挥精确定位的优势、如何使窝点的鱼更多、更集中来发展的。由于“传统钓”讲究的是成功率，要求漂讯具有较高的中鱼率，因而“传统钓”采用了“沉坠”，使得漂讯的出现要先带动“沉坠”才能发出。“传统钓”的漂讯虽然发出较晚，但能带动“沉坠”发出的漂讯可确认鱼已吞钩，所以“传统钓”的中鱼率较高，这与台钓是有明显区别的。

❖ 调漂的方法

“传统钓”不需要调漂的观点广为流行，认为只要坠的配重大于浮漂的浮力，坠能沉到水底就行。其实这是错误的，但为什么错误的观点也能为较多的人接受呢？原因是多方面的。首先是这种方法也能钓到鱼，如果完全钓不到鱼，自然会注重调漂了。“传统钓”的技术核心是成功率，浮漂灵与钝会对垂钓效果产生一定的影响，但不是决定性因素。灵一点有改善垂钓效果的作用，但需要相应的扬竿时机把握的技术配合。稍钝一点漂讯在鱼吞钩后才出现，漂讯的成功率高，更加适合新手使用。

其次是客观上的困难。长竿短线如果要现场调漂的话，每一次增减铅皮，都需要伸缩钓竿，操作上比较麻烦。在“铅皮座加铅皮”的坠系出现之前，“传统钓”用的是成形的固定坠，客观上也存在着

铅坠的困难。直接上个重坠也能钓到鱼，不少钓友也就不注重调漂了，因而在早期只有真正的高手才会不畏艰难，进行较为精确的调漂。

再次是“秘密”。“传统钓”的高手往往都是“独门绝技”，高层次的钓技普及极为不广。在互联网出现之前，钓友们获取钓技知识的途径有限，高层次的钓技只为少数高手掌握，广大的垂钓爱好者并不知晓。

“传统钓”的调漂方法与台钓的类似，也分为铅坠配重（调目调整）和找底（钓目调整）两个步骤。虽然长竿短线使得在钓场调漂的操作比较麻烦，但“传统钓”浮漂自身的灵敏度不是很高，调校起来方便快捷，受环境因素的影响较小，可在室内水族箱中进行铅坠配重调漂。这样一来“传统钓”调漂反而比较容易调校，而且在室内将铅坠配重调整好后，一般来说不需在钓场再进行实地验证。

1. 铅坠配重调整

铅坠配重调整一般宜在无钩的状态下进行，以铅坠在水中的状态来判断浮漂的灵敏度。因为根据狭义“传统钓”的定义，“传统钓”是一种沉坠钓法，即铅坠必须触底。而铅坠在水底可呈三种状态，铅坠在水底的不同状态会引起浮漂灵敏度的差异，因此，“传统钓”铅坠配重的调整以铅坠在水中的状态来作为浮漂灵敏度的指示物，这与台钓以“调目”为指示物有显著的不同。

铅坠在水中的状态有卧坠触底、竖坠触底、竖坠轻触底三种方式，其灵敏度依次上升，其中竖坠轻触底是沉坠“传统钓”最灵敏的调漂方式。

（1）卧坠触底

卧坠触底即铅坠的重力大于浮漂的浮力，铅坠横卧水底。卧坠触底是粗放的调漂方法，漂讯比较迟钝，不建议使用。因坠的重量

增加到一定程度后，铅坠由竖坠状态变为卧坠状态，继续增加铅坠的重量，铅坠的状态不会再发生变化，也就是说铅坠达到卧坠状态后，铅坠的状态不再对铅坠的配重有指示作用。轻量级的卧坠虽然漂讯迟钝，但尚可使用。但如果是重量级的卧坠，漂讯过于迟钝，在漂讯表现出来之前鱼极有可能吞钩后又吐钩。

如果某些特定的场合需要比较迟钝的漂讯，要调成卧坠状态，应注意在竖坠状态下再略加铅皮，达到卧坠状态即可。

（2）竖坠触底

竖坠触底是实用、折中的沉坠"传统钓"调漂方法。"竖坠触底"的特点是能将浮漂没入水中，铅坠触底，但铅坠只是触底，并不横卧水底。竖坠状态是比较容易观察的一个临界点。能带动浮漂没入水中，表明铅坠的重力大于浮漂的浮力。但铅坠没有横卧水底，在浮漂的牵引下铅坠还保持着竖直状态，铅坠的重力尚不足以使铅坠"自由落体"，也就是说铅坠重力只是略大于浮漂浮力，带动铅坠发出漂讯只需要克服较小的铅坠重力，因而竖坠触底的漂讯的灵敏度比较适中。

（3）竖坠轻触底

竖坠轻触底的特点是铅坠重力等于或者说相近于浮漂浮力，是铅坠重力与浮漂浮力达成的一种平衡状态，铅坠的重力不能将浮漂沉入水中，浮漂的浮力也不能使浮漂露出水面。竖坠轻触底是在无钩半水的状态下将浮漂调成平水，是以漂调成平水为调整目标的。调成无钩半水调平水的状态后，如果将浮漂在钓线上的位置向上拉，铅坠就会触底，但仍保持竖立状态。由于铅坠重力等于浮漂浮力，此时拖动铅坠，不需克服铅坠的重力。因而无钩半水调平水是沉坠"传统钓"最灵敏的调漂方式。

此外，不少高手的浮漂也采用调得更灵的方式，例如，带钩半水调平水或调半目、一目等，有的高手还认为漂坠调配应当是坠的重量略小于漂的浮力。但从现在的狭义“传统钓”的概念看，这已超出“沉坠”的范围了，因为这种调漂法实际上铅坠已不再沉底，而是呈悬坠状态了，是长竿短线的“悬坠”钓法了。

2. 找底——钓目的调整

钓目的调整是找底的过程，是调漂不可缺少的一个步骤。找底的操作是将浮漂逐步上移的过程。即将浮漂逐步上移，直至浮漂露出水面。一般来说，钓目的数目越小浮漂越灵敏，一般以钓半目为宜，也有钓1目的，但不宜钓得太高。“传统钓”浮漂的示漂较粗，比较容易观漂。

❖ 出竿技巧

出竿施钓将钓饵送到拟定的钓点，这看似简单的操作实际上是蕴藏技巧的，操作稍不注意，钓点就不可能做到精确。钓点不精确，窝点的鱼不集中，就不能发挥“传统钓”的优势，难以有好的垂钓效果。这点应引起高度重视。

重饵出竿小窍门——饵团在未到水底前不能松劲。采用包食钓法、摇卵钓法，钩上都挂有较大的饵团，这样钓竿必然会有一定的弯曲，而弯曲的钓竿是无法将饵团送到竿长的最远点的。要想充分发挥竿长的作用，是需要一点小窍门的。饵团入水后，由于水对饵团有向上的浮力，钓竿所受的饵团重力减少，钓竿便会渐渐“伸直”，如果这时仍然保持轻轻地向上用劲，钓竿的弹力就可带动饵团向前方滑行，直到钓竿的最远点，这样就可充分发挥竿长的作用了。如果在饵团一入水就松劲，饵团在水中就会垂直下沉，窝点就会较近，

不能充分发挥竿长的作用。如果饵团的大小差别大，钓竿的弯曲程度不一致，就会引起饵团的落点有较大的差异。

此外，控制、减慢饵团入水后的下沉速度，即增加了诱饵在水层中的溶散时间，可形成一个自上而下的较大雾化区，良好的雾化效果，可增强诱饵的诱鱼效果，这与台钓抛竿时钓饵在水中划弧有异曲同工之妙。

❖ 打窝

打窝是“传统钓”的关键技术之一，是“传统钓”用饵之道的核心所在。能否打好窝子，直接关系到垂钓效果的好坏。所谓打窝，就是利用鱼喜食的食物、能刺激鱼产生摄食欲望的气味，将鱼儿诱

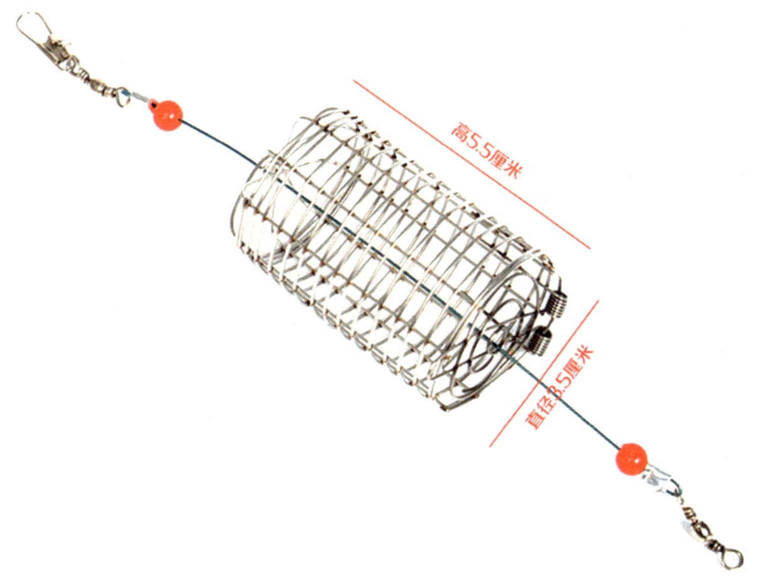

聚到钓点，以便聚而钓之。打窝是为了诱鱼，因此打窝所用的饵称之为诱饵。

1. 窝子的类型

窝子的类型较多，根据所打成的窝子的特点，可分为实窝、虚窝、虚实结合窝三种类型。根据打窝的方式，打窝又有活动窝和固定窝之别。此外，包食、摇卵等钓法在某种意义上讲也均可看成是提高打窝精度的打窝方法。

（1）实窝

实窝就是用鱼喜食的食物作为诱饵打窝。实窝不仅是用鱼喜食的食物的味道将鱼诱聚到钓点，而且窝里有鱼可吃到嘴里的实实在在的食物颗粒，因而叫实窝。实窝的优点是鱼儿寻味而来，来了不

白来，有可口的食物，于是聚集不散。实窝的缺点是如果打窝过重，钓点的诱饵过多，鱼吃诱饵就饱了，吃钓饵咬钩的概率就小了。因此，打实窝有两点必须注意，一是诱饵不能比钓饵更适合鱼的口味。诱饵虽然是鱼喜吃的食物，但绝对不能优于钓饵，否则鱼诱来了只吃诱饵不咬钩。二是要注意诱饵用量的控制。量太少不够吃，鱼诱来了还会离去；量过多则有可能鱼不咬钩。

（2）虚窝

所谓虚窝，就是用能刺激鱼产生摄食欲望的味（诱食剂）将鱼儿诱聚到钓点，但窝中能吃进嘴中的粒状食物并不存在，或者很少，窝中有味无食，因此叫虚窝。虚窝的优点是诱来的鱼只有钩上的饵可食，因而咬钩率高。虚窝的缺点是明显的，由于没有或很少真正能吃的食物，鱼虽被味诱来，但吃不到食，鱼还是会离开的，故纯虚窝难以长久聚鱼。

（3）虚实窝

虚实窝即以虚实相结合的方式打窝，以味诱鱼、以少量的可食食物聚鱼。这样味浓诱鱼效果好，可食食物少，吃得到又吃不饱，在浓味的诱惑下鱼又舍不得离去，可长久聚鱼。虚实窝诱饵原料的配比多以粉末为主、碎屑次之、颗粒少许，同时加有诱食剂。

不同的打窝方式有不同的作用，理论上以虚实结合窝为好。但鱼情千差万别，究竟采用什么打窝方式，还得从实际出发，根据水情、鱼情、季节、天气等，特别是鱼的疏密、品种、大小、吃口等灵活掌握。

（4）活动窝和固定窝

固定窝是指诱饵投放后就不再收回的打窝方式，一般直接抛投诱饵的打窝方式均可视为打固定窝。

活动窝则是将诱饵装在一个容器内再抛投到钓点，装诱饵的容

器可移动、收回。活动窝通常是用有孔的容器来盛放诱饵，使诱饵能少量、不断地从孔中缓缓溢出，这样既能诱鱼，又不会轻易地被鱼吃完。活动窝的优点是效力均匀持久，打窝的精确度高（先打窝定点，再在窝点处开钓），还可从浮子的微动中观察、了解钓点的鱼情。

活动窝的制作通常是用网布把诱饵包好，诱饵包留一根长钓线，以便移动或收回诱饵包。钓线上接一简易浮子，以便从浮子的微动中观察、了解钓点的鱼情。测好水深，调整好浮子的位置，放入钓点即可。

活动窝的缺点是当鱼上钩后，很容易把钓线和活动窝的固定线缠在一起，以致惊了窝。尤其上大鱼时很难避免两线的缠绕，即使钓上的鱼不跑，也会因惊窝影响以后的垂钓。

2. 打窝用饵——诱饵

（1）常用诱饵

打窝用的饵料通常称之为诱饵，诱饵的种类是多种多样的。最常见的诱饵是麦麸。打窝时先加适量的水（以麦麸能捏成团为准），拌匀麦麸，再捏成团，投向钓点即可。麦麸的诱鱼效果是比较好的。这是因为麦麸是大多数垂钓鱼类喜食的食物，对鱼有较强的吸引力。麦麸总体呈粉末状，黏性不大，在水中的雾化效果好，能增强诱鱼效果；麦麸总会含有或形成一些颗粒物，用麦麸打窝，鱼还是有可吃进口的食物。也就是说在某种意义上讲麦麸打窝就是打的虚实窝，因此麦麸打窝的效果是比较好的。

此外，随着台钓商品饵的普及，将台钓商品饵作为传统钓诱饵使用的人也越来越多。台钓商品饵品种多，针对性强，不同的鱼有不同的专用饵，而且台钓商品饵的雾化效果一般都较好，因而作为诱饵使用的效果是比较好的。但是，台钓商品饵的价格较高，而诱

饵的用量又大，使其运用受到了一定的限制。

（2）诱饵的配制原则

“传统钓”高手一般不用单一麦麸直接做诱饵，而是要对诱饵的原料进行一定的加工，或者多种原料按一定比例混合，或者添加诱食剂，甚至各种手段都一起用上，总之是要改良诱饵，使之对鱼的吸引力更大。

要自己配制诱饵，首先要清楚什么样的诱饵是好诱饵。那么什么是好诱饵呢？简单地讲，能诱来鱼，并且能让鱼久留不散的诱饵就是好诱饵。也就是说诱饵的作用包括诱鱼和聚鱼两个方面，即将

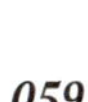

分散的鱼诱聚到钓点，并且滞留下来不愿离去。要做到这两点，首先诱饵必须有吸引鱼的“味”，能激起鱼强烈的摄食欲望。诱饵有了“味”，才能将鱼诱来。鱼喜欢的味有腥、香、臭、甜，以及人类无法感知的某些特殊化学“味”。为了改进、增强诱饵的“味”，钓友们常常对诱饵的原料进行加工，如对诱饵原料进行炒香、蒸熟、发酵等，并且添加适量的诱食剂。此外，诱饵雾化效果的好坏对诱鱼效果有较大的影响，雾化效果越好，诱鱼效果越佳。

需要指出的是，诱食剂的核心是激起鱼强烈的摄食欲望，但诱食剂的浓度并不是越大越好。诱食剂只在一定的浓度范围内随着浓度的增大而诱鱼效果增强，但超出适宜的浓度范围后，诱食剂的浓度继续增大往往会有抑制作用，诱鱼效果不但不增强，反而会下降。初学者在使用诱食剂时易犯添加过多的错误，应引起高度重视。

其次是诱饵必须有适度的可食部分。鱼过来是为了吃，来了吃不到东西是留不住鱼的，因而诱饵中必须有一定的可食部分。但诱饵中的可食部分又不能太多，太多会影响鱼儿咬钩。诱饵的可食部分以鱼“吃不饱、又不会跑”为佳。为了达到这个目的，可调整诱饵原料中颗粒与粉末的比例。此外，在垂钓中要注意补窝的量和节奏。

（3）实用诱饵

简单实用的复合诱饵是麦麸加酒泡小米，如果用药酒泡的小米则更佳。单用麦麸就已是某种程度上的虚实窝，搭配小米，即增加诱饵的可食部分比例。小米用酒泡制，则是加入酒这种简单的诱食剂。若加的药酒小米，则是加入了更高一级的诱食剂。

选用小米来增加食部分的比例，是因为小米的颗粒小，鱼能吃到，但又不容易马上吃尽。麦麸加酒泡小米复合诱饵中麦麸与酒泡小米的体积比一般为 4 ∶ 1。由于增加了小米，麦麸要注意选用细麸，以保证诱饵的雾化诱鱼效果。

酒泡小米的制作方法是，取一玻璃瓶（要保证能密封），放入小米适量（注意，小米不能放满，因为小米吸入酒后，体积会有一定的膨胀），倒入曲酒，以刚刚没过小米为准，盖好瓶盖，密封避光保存，一周后即可使用。

酒泡小米的保存性良好，只要存放容器的密封性好，长时间存放也不会变质。使用时按 4 ∶ 1 的比例取 4 份细麸加 1 份酒泡小米，混合均匀后加水调拌，捏成团即可。如果嫌黏度不够，可加入适量面粉。但面粉的添加量不宜过大，否则会影响诱饵的雾化效果。

3. 打窝与补窝

（1）打窝方法

来到钓场，选好钓位，首先要做的就是打窝。因为诱饵抛到水中，诱饵中的诱鱼成分先要溶入水中，再慢慢扩散到远处。远离钓点的鱼感受到诱鱼成分的刺激，就会寻迹跟踪过来，因此，窝子发起来是需要一定时间的，不是一打下去就马上起作用。

打窝宜先打宽窝，再打定点窝。打宽窝即打窝的范围可宽一些，打窝范围 1 ～ 2 平方米。打宽窝只在开钓前进行，目的是让诱饵中的诱鱼成分在水中迅速扩散开，向鱼儿发出钓点有食可吃的信息。打宽窝的打窝范围一般比定点窝要稍大一点，这是为了扩大诱饵的诱鱼范围。打宽窝宜用较细的粉状诱饵，如果添加诱食剂，可适当增大用量。因为颗粒越细，其表面积越大，颗粒与水的接触就越充分，诱饵中的诱鱼成分就越容易溶入水中，诱饵中的诱鱼成分才能充分发挥作用。打宽窝可“撒窝”，即将调得较稀的诱饵直接撒在钓点周围；也可将诱饵捏成小团均匀地撒在钓点周围。

打完宽窝，接下来就应打定点窝。打定点窝的目的是将打宽窝诱过来的鱼进一步引向钓点，使钓点的鱼更加集中。因此，打定点窝要尽可能精确，范围越小越好。打定点窝可将捏成团的诱饵抛向钓点，也可使用打窝器打窝，用打窝器打窝的精确度会更高一些。打窝器有现成的商品，也可自制。

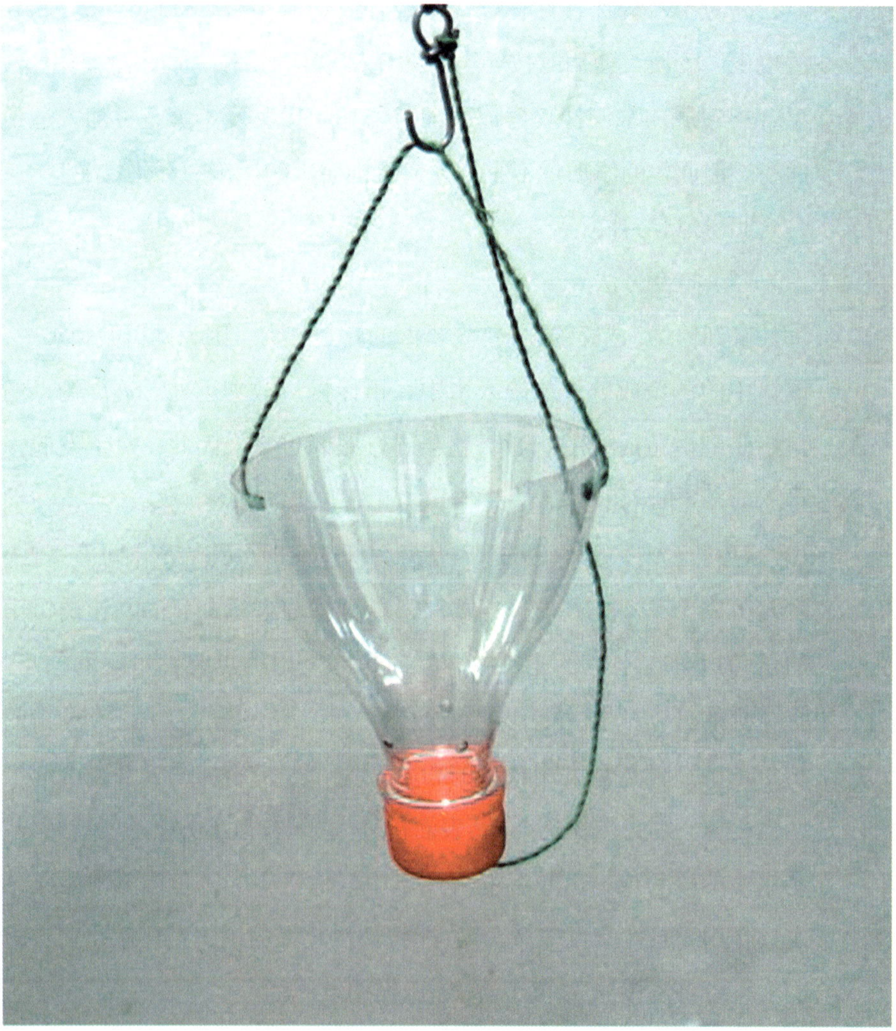

打窝器的自制方法：将可乐瓶剪去一半，在半个可乐瓶上对称地扎两个小孔，将铁丝或绳子穿在所扎的两小孔中做一个提梁。在可乐瓶靠近瓶盖处要扎几个通气的小孔。瓶口的盖子上扎一个小眼，小眼里穿一根粗线。粗线线头穿过瓶盖后打一个结，以防线从瓶盖中脱落。粗线的另一端拴一个小铁丝钩。把小铁丝钩挂在提梁上，在粗线的适当位置打一个结（保持可乐瓶的瓶口呈水平状态），形成一个环。这样打窝器就自制成功。

打窝器的使用：使用时，在可乐瓶中装上诱饵，把小铁丝钩挂在提梁上。钩柄上的线与钓竿相连即可（也可直接挂在钓钩上，但注意连接要紧）。将装有诱饵的打窝器送至钓点，松线，小铁钩就会从提梁上脱落，稍稍提竿，带动盖子上的粗线，打窝器就会被打翻，诱饵落入钓点，完成打窝。使用这种自制打窝器，既可把诱饵打在水面，使之慢慢下沉，也可把诱饵直接在水底打窝。差别在于可乐瓶上的通气进水的速度和等待进水时间的长短。

（2）打窝量的控制

打窝量的多少、投饵的勤与怠，是打窝的关键，也是打窝的难点。投少了，太慢了，诱不来鱼，留不住鱼，白白浪费了宝贵的时间和机遇；投多了，太勤了，饵料过剩，诱饵淹没了钓饵，鱼只吃诱饵不吃钓饵，搞成了白白浪费饵料。

打窝量的关键是要能保持窝中一直都有适量可吃的诱饵。而“适量可吃的诱饵”的量是与所诱来的鱼的种类、数量、大小等密切相关的，因此，“适量可吃的诱饵”是一个动态的量，是随窝子中鱼情的变化而变化的。

一般来说，钓大鱼，钓草鱼、鲤鱼，诱饵的量要用得大一些，因为它们的食量大。钓小鱼，钓鲫鱼，诱饵的用量可适当少一点。

在大型水体中野钓，一般需要打大窝打重窝，甚至打超前窝。超前窝是指打窝时间与钓鱼时间相隔较远，通常是连打一到数天的重窝后再开钓。打超前窝的目的是培养窝点，让鱼养成到你定的窝点摄食的习惯，并让警惕性高的大鱼丧失警惕。一般来说，打超前窝只要坚持下来，连打数天的重窝，总是会发窝的。

（3）补窝

窝子发了，鱼诱聚到了钓点，只表明打窝成功，并不能保证能持久不断地上鱼。因此，要使窝子能留住鱼需要不断地补窝（续窝），一般每隔 1 ～ 2 小时再续一次窝。

❖ 漂讯与扬竿

“传统钓”的特点之一是铅坠沉底，与台钓的铅坠悬浮水中有着本质的差别，从而导致“传统钓”的漂讯与台钓的漂讯特点有很大的不同。台钓的扬竿时机多为鱼吸饵入口的瞬间，典型漂讯的表现形式以浮漂的垂直向下运动为主，如有力下顿，加速下行、直至拉黑漂等。而“传统钓”的漂讯并不表现在鱼吞钩之时。“传统钓”的坠重、沉底，且钓饵与钓线往往不在同一垂直线上，鱼吞钩时的力量一般不能使铅坠移位，故鱼在吞钩之时浮漂不能做相应的即时反应。“传统钓”的漂讯是因为鱼吞钩后鱼的身体的活动造成，吞钩后鱼体的活动使铅坠有了位移，改变了浮漂的受力状况，才使浮漂出现运动，表达出中鱼的漂讯。由于各种鱼类的吞食方式不同，吞食后的活动方式有差异，故“传统钓”漂讯与咬钩鱼的种类密切相关，不同鱼的漂讯特点有很大的差异。

由于“传统钓”的漂讯大都出现在吞钩之后，因而“传统钓”漂讯的中鱼率较高。“传统钓”一旦出现漂讯，表明鱼已大口吞钩，

扬竿即可中鱼。下面介绍一下常见的“传统钓”漂讯特点。

1．送漂——浮漂轻微抖动后上浮

所谓送漂，就是浮漂做上升运动，使得漂的钓目增加，甚至整个浮漂横卧水面，送漂也叫托漂。通过实践和观察发现，送漂是鱼儿低头吃钩后，抬头上游扯动铅坠，浮漂失去重力后上浮造成的。送漂多为鲫鱼的漂讯。按照漂体上浮的程度，送漂的漂讯又分为小送漂（漂体垂直升起为 1 ～ 3 厘米）、垂直大送漂（漂体垂直上升 3 厘米以上，简称大送漂）、斜向大送漂（漂体被送出水面呈斜向，简称斜送漂）、倒向大送漂（整个漂体横卧水面，简称倒漂）四种类型。

送漂的扬竿时机以在送漂的形成过程中为最佳，即浮漂还在上升时就要扬竿，因为送漂形成的过程中，钩饵正在鱼口之中，故扬竿中鱼十拿九稳，而且鱼钩基本上都是挂在鱼的上嘴唇。送漂千万不要等到浮漂停止上升、或已平躺在水面上再扬竿。浮漂的上升停止后再扬竿已经偏晚，虽然也能钓上鱼来，但中鱼率会大大下降，而且鱼钩会经常挂在鱼的薄嘴唇上，易造成脱钩跑鱼的现象。当然有时也有咬死钩吐不出的时候。但前者的中鱼率高，而且节约了时间。送漂在钓鲫鱼时尤为明显和常见。

2．黑漂——轻微抖动后下沉

黑漂的特点是浮漂先出现晃动或点动，接着开始下沉，直至整个漂体没入于水中，故称之为黑漂，也叫闷漂。根据浮漂下沉时漂体纵轴与水面夹角的不同，黑漂可分为直沉黑漂、斜沉黑漂两种类型。直沉黑漂即浮漂在下沉时漂体与水面呈垂直 90 度，如果浮漂在下沉时漂体与水面呈倾斜角度则称为斜沉黑漂。

黑漂在任何鱼种中都可能出现，但以鲤鱼和鲶鱼等最常见。黑

漂的扬竿时机要宁晚勿早，一定要等到浮漂完全沉入水下之后再扬竿。这是因为黑漂大多都是因鱼儿吸饵后边向前游、边继续向下吞咽造成的。扬竿过早，饵钩还未进入鱼的口腔深处，极易造成空竿或中鱼后又脱钩。晚一点，等到饵钩进入鱼的口腔深处后再扬竿，从而提高中鱼率。

3．领漂

领漂的特点是漂体先出现轻微的抖动，继而浮漂沿着水面出现略带下沉的横向移动，但漂体又不全没入水中，也叫横移漂。领漂可在浮漂的移动过程中扬竿，略晚点则更佳，中鱼率高。领漂以草鱼居多，鲫鱼、鲤鱼也偶有发生，但在其他的鱼种中则不多见。

4．异常漂

鱼吃食的动作、时机是千差万别的，在实际垂钓中，浮漂的一些异常表现常常也是鱼咬钩的漂讯。例如，调好的浮漂放入水中本应是竖立的，但却平躺在水面，或者直接沉入水中，这些现象都不是浮漂的正常运动规律，而大多都是鱼儿在浮漂的下沉中途就接饵咬钩造成的，也是一种咬钩的信号，应当及时扬竿。这种浮漂表现出的非正常的中鱼信号，叫异常漂。

总之，在“传统钓”中漂讯的形态与中鱼的种类密切相关。一般来说，杂食性、草食性鱼类的吞饵动作小、轻，而且慢，浮漂显示的幅度小而稳，漂讯的种类多且复杂；而且鱼越大，浮漂的动态越缓慢，但越沉稳。肉食性鱼类吞饵动作大而快，浮漂显示的幅度大而猛。漂讯的种类较少、变化不是太复杂；鱼越大，漂讯就越快、越猛、越有力。

读懂漂讯，正确把握扬竿时机，是较难掌握的垂钓技术之一，但只要钓者通过长期不懈地垂钓实践，不断学习、探索和积累经验，必能达到熟练准确掌握最佳扬竿时机的水平。

❖ 包食钓法

1. 包食的特点

包食钓法是近年才普及流行的一种“传统钓”的改进钓法。包食钓法的操作简单，并可明显提高长竿短线“传统钓”的垂钓成绩，因而受到了钓友们的普遍欢迎。包食钓法的核心是改进了打窝、补窝的方法，大大提高了打窝、补窝的精确性和均匀性，使得窝点的鱼更加集中，从而提高垂钓成绩。

一般的打窝方法是将调好的诱饵捏成团，直接抛向拟定的钓点。这种打窝方法简便，但很难保证窝点的精确性：一是因为抛投本身就很难保证准确，二是如果水底呈斜坡状，即使投准了也很难保证诱饵能落在所拟定的钓点中。而包食钓法的诱饵是包在钓饵上的，与钓饵同在一处，可保证诱饵能落在钓点中。

2. 包食的方法

包食钓法就是在上好的钓饵上再捏上一团诱饵。诱饵是包在钓饵上的，因而叫包食。由于诱饵、钓饵同处一处，保证了打窝的精确性。每次扬竿都包上一团，使得补窝的均匀性也得以保证。

包食的具体包法：左手抓起一团调好的包食诱饵，在手掌中捏成扁平的小圆饼，将上好钓饵置于圆饼的中心，把钓饵包裹起来，再用双手用劲捏紧成团即可。包食的饵团可大可小，要根据窝点的鱼情而定。大的可达乒乓球大小，小的如枣、手指大小即可。

包食的钓饵可荤可素，素的常用面粉团，荤的可用蚯蚓等。用面粉团做包食的钓饵，其原理是诱钓合一。虽然钓饵用的是面粉团，与诱饵（一般诱饵为多种原料的混合饵）有较大的差别，但诱饵在水中溶散后总会在钓饵的面粉团上留下粉末、碎屑等残骸，使得钓饵（面粉团）在表面上与诱饵并无差异。鱼吃诱饵无忧，见到大的“诱饵团”就会毫无警惕地一口吞下。用面粉团做钓饵，其关键是要保证钩上有食，引导鱼咬钩。因为诱饵要起诱鱼的作用，一般黏性不大，入水后会溶散，如果没有面粉团做钓饵，钩上无食，鱼就不会咬钩。因而做钓饵的面粉团要有较好的附钩性，面粉团的表面要具有较强的黏性，这在调制面粉团钓饵时要注意调制方法的控制。

包食钓法也可用蚯蚓做钓饵，这是因为蚯蚓是荤食，是一般鱼类更喜欢的食物，遵循的是钓饵要优于诱饵的原则。大团的诱饵增

强了诱鱼的作用，诱过来的鱼在溶散的诱饵团中发现还有更好吃的蚯蚓饵，当然不会放过了。蚯蚓做钓饵宜用活体，但活蚯蚓不停地蠕动，使得包食有些困难，大团尚好包，小团则易散，因而有的钓友在用蚯蚓做钓饵时，将钓饵包在了铅坠上。

3. 包食的要领

包食钓法的要领主要有二,一是窝点进一步的精确控制，二是正确用饵。包食钓法只是提供了精确打窝的一条途径，能否做到精确打窝还要看你的操作是否到位。要真正做到精确打窝，必须严格控制出竿操作的系统误差，保证每次出竿的钓饵的落点都能落在同一位置。

要让包食产生神奇的效果，最重要的是要能正确用饵。包食钓法的钓饵比较简单，面粉、蚯蚓都可用，面粉、蚯蚓都是“传统钓”中常用的钓饵，因而钓饵一般不成为问题。

包食用饵的关键主要在于诱饵部分，即包在钓饵外面的诱饵饵团。包食诱饵的选用包括三个方面，一是对路用饵，二是饵团的成分搭配，三是饵团状态的控制。对路用饵是指根据季节、钓场的鱼情针对性用饵，这是垂钓的基本原则，并非包食钓法独有的。

包食诱饵的原料组成与一般的打窝诱饵在原料的配比上基本相同，其组成中既要有起雾化效果的粉末成分，还需有可供鱼吃的颗粒成分，只是黏性要略强一点。一般的打窝诱饵对饵团的黏性要求不高，能捏成团抛出即可。但包食用诱饵饵团是要包在钓饵上的，其饵团必须有一定的黏性，否则出竿时钓线一晃悠，还没到钓点就会脱钩掉入水中。也就是说,包食用诱饵饵团要既能粘钩,送得出去,又能溶散、雾化起到诱鱼效果。

包食用诱饵饵团的状态控制要根据钓场的实际情况来进行适当

的调控，并非某一种状态为最佳。例如，打窝初期以松散一点为宜，以增强诱饵的雾化效果。如果钓点的水较深，而且是钓底，饵团可适当硬一点、黏一点，以保证饵团到达水底时还没有溶散。钓场鱼的密度不大，对象鱼的食量大（如欲钓大鱼、草鱼、鲤鱼等），饵团要适当大一点。钓友应当熟悉自己所用诱饵的性能特点，即清楚调成状态与溶散速度、雾化效果的关系，根据钓场的鱼情来做具体的相应调整。

❖ 摇卵钓法

“摇卵”是南方地区，尤其是湖北、湖南等地广泛采用的一种既简单又方便的“传统钓”方法，其效果不错，不少钓友都乐意使用。摇卵与包食类似，都是通过改善打窝的精确性、补窝的均匀性，使得诱鱼的效果增强来提高垂钓成绩。

摇卵与包食的区别在于包食是直接将诱饵捏在钓饵上，而摇卵则是通过“摇”的特殊方式将诱饵固定到钓饵上。此外，摇卵粉还具有用量少、便于携带的优点。

1. 摇卵方法

摇卵用具比较简单，只需要一个装摇卵粉的广口瓶和一杯水。摇卵时要先上好钓饵，将钓饵放在有水的杯子中蘸一下，将钓饵打湿，再放入装摇卵粉的广口瓶中，摇动广口瓶，摇卵粉就会粘在钓饵上。再次将钓饵放到水中蘸湿，又放回到广口瓶中继续摇。重复这个过程，钓饵就会像滚雪球一样越摇越大。一般摇至蚕豆大小即可。

看着高手摇卵有种神奇的感觉，就像变魔术一样，一会儿的工夫挂蚯蚓的钓钩就变成了一个饵团包。其实摇卵的操作方法是很简单的，按照上面介绍的方法，只需要尝试几次就能掌握。

2. 摇卵粉

摇卵用的钓饵是常用的“传统钓”钓饵，用得最多的是蚯蚓，也可用面粉团（只需挂绿豆大小即可）。摇卵粉（诱饵）的关键有二，一是鱼爱吃，有较强的诱鱼效果。二是必须是有黏性的细粉。摇卵粉不黏是摇不成团的，不细雾化效果不佳。

常用的摇卵粉主要有纯的各种豆粉，如蚕豆粉、豌豆粉、黄豆粉等。有的用生豆粉，也有的用炒香后的熟豆粉，还有用蚕豆粉、豌豆粉、黄豆粉三种豆粉各 1/3 的混合豆粉。无论生、熟豆粉，或哪种豆粉都是非常有效的，只不过是使用的场合不同而已。

为了进一步增强摇卵的诱鱼作用，摇卵还可使用诱食剂。诱食剂可加在摇卵粉中，也可加在摇卵时蘸的水中。加在摇卵粉中的诱食剂主要是香精类诱食剂，如香虎香精等。如果诱食剂的水溶性不佳或诱食剂为液体，可先溶入水中，摇卵蘸水时就加入“卵饵”中，而且非常均匀。

❖ 蘸饵钓法

所谓蘸饵，是指将钓饵在混有诱食剂的液体、粉末、诱饵糊中蘸一下，让钓饵粘上一些诱食剂后再施钓的一类垂钓方法。由于钓饵上增加了诱食剂的成分，使得钓饵的诱鱼作用加强，并且钓饵更加容易被鱼发现，从而可改善垂钓效果。

蘸饵与摇卵的区别在于蘸饵只增加味的“虚诱”，不增加可食部分。蘸饵虽然只是以味诱为主，但操作简便，大大加快了上饵、换饵的速度。蘸饵使用得当，效果也相当不错，不少钓友喜欢采用。

❖ 轮窝钓法

所谓轮窝钓法，就是同时打数个窝子，一个窝子一个窝子地轮流钓。轮窝钓法是“传统钓”的一大特色和独到的优势。轮窝钓法的优点有二,一是扩大了钓位的选择范围，增大了正确选择钓位的概率。同时打数个窝子，东边不亮西边亮，总有一个窝子会发起来。在垂钓中常常会有这样的情况，你在某处打窝垂钓多时也不大上鱼，你一走，窝子就发了，别人在你原来的窝子中上鱼颇丰。这是窝子发得慢所致，如果采用轮窝钓就不会错过这种发窝慢的好窝子。二是在钓场鱼的密度不大时有明显优势。如果钓场鱼的密度不大，单个钓点的上鱼频率就不高，采用轮窝钓法，哪个窝子冒鱼星就在哪个窝子钓，从而提高上鱼率。

轮窝钓法在打窝时要注意，各窝子间要保持一定的距离，各窝子不能相互干扰，否则效果反而不佳。

轮窝钓法是“传统钓”的一大特色，是“传统钓”的一大优势。“传统钓”的装备少，调漂迅速快捷，因而换位方便，可以适应经常地换位的走钓，这是台钓所无法做到的。

第三章

台　钓

什么是台钓？从字面上讲，台钓就是中国台湾钓法的简称，是源自中国台湾的一种钓鱼技法；简单地讲，台钓是一种舒适、高效的钓鱼技法；直观地讲，台钓就是背着钓箱去钓鱼。台钓是由我国台湾省的垂钓高手经过长期实践，在不断探索中总结归纳出的一种装备齐全、动作规范、上鱼效率高、集竞技性和娱乐性于一体的钓鱼技法。

台钓有着神奇的一面。众所周知，在过去的垂钓争霸赛中，台湾选手的成绩一直不佳。但是，随着台钓的兴起与发展，中国台湾选手采用台钓的垂钓方式终于在争霸赛中全面击败了其他高手，取得了骄人的成绩。

台钓于20世纪80年代后期传入大陆。经过10多年尝试，台钓逐渐被大陆广大的垂钓爱好者接受，台钓的技术也得以进一步完善、发展。采用台钓方式的选手在钓鱼比赛中屡屡获胜，在大型的池塘垂钓比赛中现在已见不到“长竿短线”的钓手了，以致有人说台钓只不过是一种竞技钓法。为什么垂钓爱好者这么青睐台钓，竞赛型选手纷纷转攻台钓呢？台钓到底有什么独到之处呢？很简单，就是因为台钓具有高效、舒适两大优势。在垂钓竞技比赛中，由于台钓的出竿、收竿快，漂讯灵敏，可及时发现鱼咬钩，大大提高了垂钓的总体效率，从而为选手提供了在单位时间内上更多鱼的可能性。在休闲垂钓中，由于台钓装备进行了人体工程学的科学配置，垂钓的整个操作过程轻松流畅，运动强度可自主调控，从而可使参与休闲垂钓的人们尽情享受垂钓的乐趣。

那么台钓到底是什么呢？台钓的全称是“台湾钓鲫法”，台钓是在中国传统钓法“长竿短线”的基础上改进而来的。最初是日本钓手将中国传统钓法的长竿、短线、单钩、单线改良为短竿、齐竿线、双钩双子线、立漂，改良后的传统钓法传入中国台湾后，台湾钓鱼精英又在钓具、鱼饵、钓法上进行了进一步的改造，逐步形成的一种系统、规范的钓鱼技法。要想深入了解台钓，就必须先了解台钓的装备特点和台钓的技术特点。

台钓装备的特点

台钓装备的特点具有系统性，以高效、舒适为中心，从人体工程学的角度对垂钓装备进行了科学的配置，这是台钓高效、舒适的基础。采用台钓方法垂钓，从扬竿、摘鱼、换饵，直到第二次抛竿所需的时间短到可以只用秒来计算，这是长竿短线的“传统钓”无论如何也做不到的，这也是台钓具有高效率的基础。在以天论价的

钓场，采用台钓的价格常常比“传统钓”的要高，这也从另一个方面说明了台钓的确是一种高效率的垂钓方式。

台钓的标准装备是一箱两包，即钓箱、竿包、鱼护包三大件。具体来讲，台钓装备包括钓组（钓竿 + 线组）、钓箱、竿架、带脱钩器的鱼护、抄网等。其中除抄网可各种钓法通用，钓箱是台钓独有的外，其他用具在各种钓法中虽然也是不可缺少的，但台钓用的均是经过改良的专用物品。

❖ 钓具改良

台钓起源于“传统钓”，台钓的许多钓具是从“传统钓”的钓具中改良而来。下面从三个方面来介绍改良后的台钓钓具。

1. 长竿改短竿

“传统钓”号称“长竿短线”,所用的钓竿较长是其特点。虽然“传统钓”也有使用短竿的，但一般常用的竿长是 8 ～ 10 米，13 ～ 15 米的长竿（俗称大炮）也不是什么稀罕物。台钓常用钓竿的竿长一般是 3.6 米，或者 4.5 米，6.3 米以上的长台钓竿则不常见。与“传统钓”相比，台钓的钓竿的确是短竿了。短竿带来的优势，首先是竿轻。例如，3.6 米台钓竿的重量一般在 100 克左右，轻的甚至只有 60 多克。其次是操控自如、垂钓轻松。在台钓中，除了中大鱼必须双手握竿溜鱼外，从抛竿到扬竿飞鱼一般都只需单手握竿。

2. 线组的改良

台钓对垂钓线组进行了大量的改革和创新，其线组与“传统钓”的线组有较大的差异。台钓的线组由主线、太空豆、浮漂座、浮漂、铅皮座、铅皮、连接环、子线、无倒钩的钓钩等组成，其特点如下。

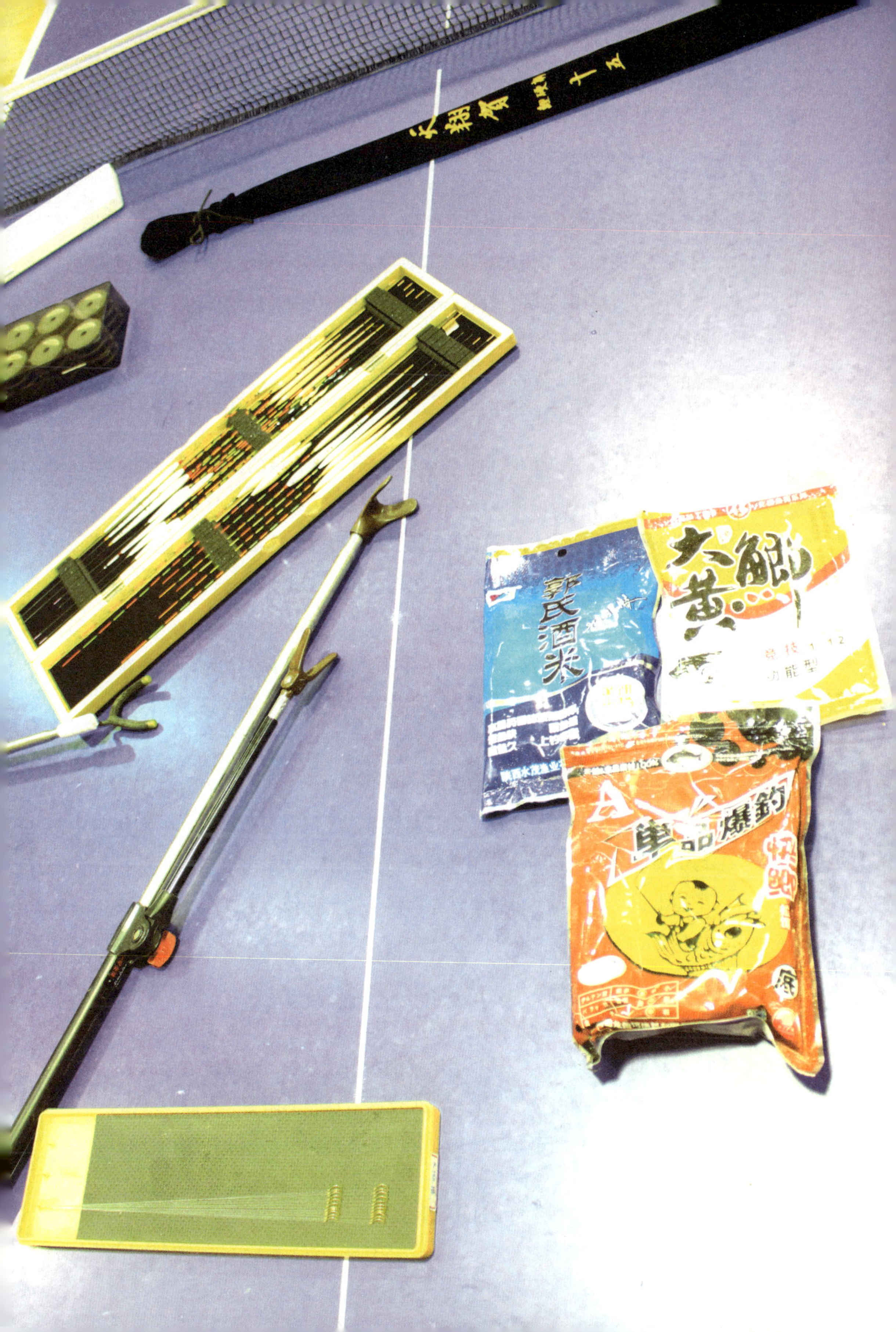
郭氏酒米
單品爆釣

（1）齐竿线

齐竿线是台钓钓线的标准配备。所谓齐竿线，即钓线的长度与钓竿的长度相等。“传统钓”在垂钓时是以“钓点水深加1米”为原则来配置所使用钓线的长度，故实际使用钓线的长度短于钓竿长度，所以传统钓常常被称为“长竿短线”。齐竿线具有操作方便、拓展钓点的离岸距离两大优点。

（2）主线+子线

“传统钓”典型的线组是“一线到底”，即钓线的上端连接钓竿，下端直接绑钩。而台钓的钓线由主线（母线、大线）、子线两部分组成，主线的上端连接钓竿，下端通过连接环与绑有鱼钩的子线相连。一般而言，台钓的主线粗，子线细。主线的号数一般要高于子线的1倍，如主线用2号线，子线宜用1号线。

所谓子线，就是在一小段较细的钓线两端各拴一钓钩，然后在细线中部（非对称位置）打一个结即可。子线的上端（打了结的那一端）与主线上的连接环相连。

采用“主线+子线”的钓线系统，有两点优势：一是钩与细线相连，可提高整个线组的灵敏度；二是对钓竿、浮漂有保护作用。在整个钓组中，价格最高的是钓竿和浮漂。垂钓中，如果出现挂底，或中了超出预计的大鱼，可丢卒保车，保证钓竿和浮漂的安全，因为断线只会出现在子线，不会损伤钓竿和浮漂。

（3）浮漂系统

台钓所用的浮漂是经过改良的，与“传统钓”明显不同。台钓漂从外观上看，可知它具有漂尾纤细而长、漂脚与漂体硬连接两大特点。漂尾纤细而长，可大大减少浮漂运动时的阻力。漂脚与漂体采用硬连接，有助于漂讯的传递。因此，台钓的浮漂比传统钓具有

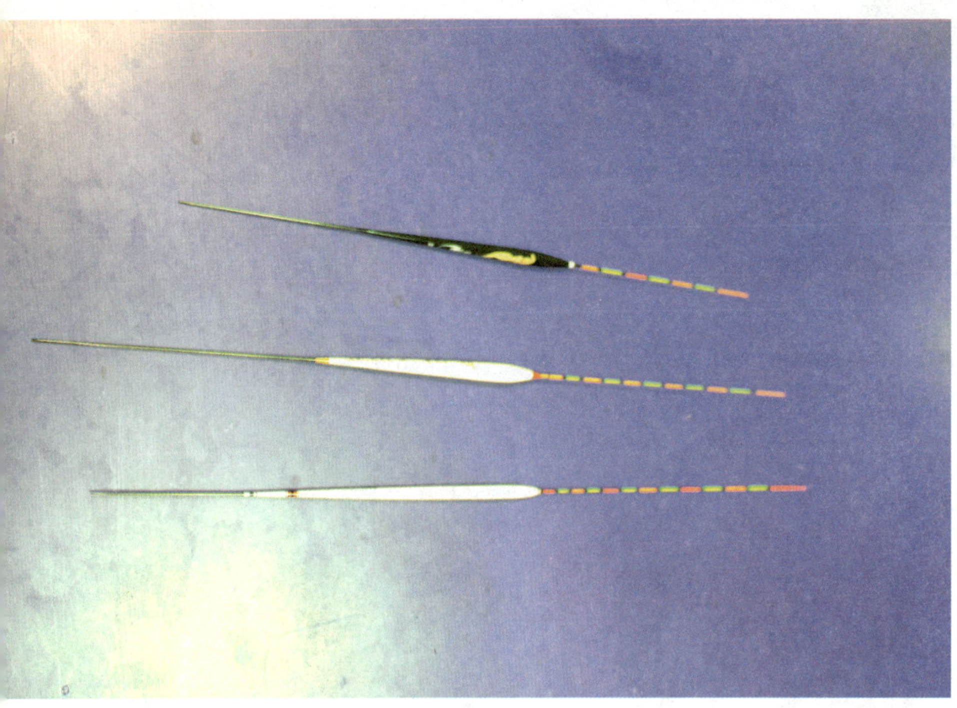

更高的灵敏度。

为了保证“立漂＋悬坠调漂法”的正常使用，台钓引进了太空豆、铅皮座等小配件。太空豆起定位作用，保证调漂时浮漂的精确定位。铅皮座的引入，使得铅坠的配重可随意变化，从而使精确调漂成为可能。

（4）无倒钩双钩

“传统钓”多采用有倒钩的单钩，台钓则用无倒钩的双钩。采用无倒钩的钓钩具有摘鱼方便、鱼体损伤小的优点。双钩一方面提供了一竿中双鱼的可能性（俗称“双飞”，在台钓中是常见的），另一方面是可以边钓边续窝（补窝），免去了专门续窝（补窝）的操作，而且可使续窝更加均匀。

3. 钓箱

钓箱是台钓装备中的重要组成部分之一。钓箱不仅仅具有座椅、工具箱、储物箱、多种支架等功能，更为重要的是有了钓箱才能合理地配置饵盘、竿架、鱼护的位置，保证台钓操作的轻松、流畅、快速。钓箱是台钓独有的装备。因此，“背着钓箱（钓台）去钓鱼的是玩台钓的”的说法虽然肤浅、不够全面，但很形象。因为钓箱对于其他钓法并没有多大的实际意义，采用长竿短线“传统钓”的钓手是不会投资配备钓箱的，因而钓箱就成为台钓的一个直观标志。

❖ 合理的系统配置

在台钓中，以钓箱为中心，合理配置饵盘、竿架、鱼护的位置，结合配有齐竿线的轻巧钓竿，保证了扬竿、摘鱼、换饵、抛竿等整个垂钓过程的轻松、顺畅，并使整个垂钓过程中的无效动作减少到最少。这对于提高出竿效率、减少运动强度具有特别重要的意义。

台钓的技术特点

❖ 漂讯灵敏

台钓最鲜明的技术特点是漂讯灵敏，这是由台钓所用的高灵敏的“立漂＋悬坠调漂法”所决定的，这也是台钓的技术精髓所在。从浮漂的结构看，台钓漂的漂尾细长，浮漂运动时阻力小；漂脚与漂体硬连接，漂讯传递迅速、稳定，因而台钓漂本身就具有较高的灵敏度。从浮漂的使用方法（思路）看，所谓悬坠调漂法，就是调漂完成后，铅坠悬垂在水中。由于铅坠悬垂在水中，铅坠的重力已被浮漂的浮力所抵消，因而可进一步提高浮漂的灵敏度。鱼儿咬钩（吸饵）时只需克服漂尖所剩的少许浮力，即可使浮漂反映出鱼咬钩

的信号，因而台钓的漂讯在鱼儿吸饵入口的瞬间就已表现出来。

❖ 科学诱鱼

诱鱼是垂钓中的一个重要环节。高手常说台钓钓点的鱼可越钓越多，这与台钓的诱鱼机制的高效性是分不开的。台钓的诱鱼机制包括声、饵、鱼三个方面。

1. 声诱

声诱是保持一定频率连续不断地抛竿，利用饵、坠入水时的“叮咚”声诱鱼。清脆的“叮咚”声，可让鱼误认为是昆虫、植物籽实等天然食物落水，鱼为了摄食而趋向于声源。台钓的抛竿频率高，饵、坠的入水声清脆，从而使声诱成为可能。

2. 饵诱

饵诱是垂钓中最常见的诱鱼方式。除选用鱼喜吃的原料、添加

诱食剂等方式外，台钓的饵诱特点有三。一是诱鱼的有效范围大。因为饵团入水后，在水中以钓点水深为半径画弧后才落到钓点，从而使诱鱼范围增加了一个水深的距离。配合雾化效果良好的钓饵，使得台钓的诱鱼效果大大增强。二是续窝均匀。台钓一般不用专门续窝，这是因为台钓采用了双子线双钩挂双饵团。双钩挂双饵团虽然提供了一竿上双鱼（双飞）的可能性，但更重要的作用还在于边钓边续窝，而且续窝均匀，可留住诱聚到钓点的鱼不散。三是“动态诱鱼”。所谓“动态诱鱼”，是指挂有饵团的钓钩入水后轻飘下沉，极易引起鱼的发现，从而诱集鱼群；另一方面，鱼钩上的饵团只是轻触水底，鱼的游动可使饵团随之晃动，易引起鱼的注意，并误认为是活食，从而吞食。

3．鱼诱

鱼诱是指正在摄食鱼的摄食活动状态吸引更多的鱼过来摄食。台钓高手们常说，在开钓初期，不要急于上鱼，要等钓点的鱼聚集多了以后才开钓。钓点的鱼要保持一定的数量，才能鱼诱鱼，才能钓到更多的鱼。需要指出的是，鱼诱是台钓诱鱼机制的组成部分之一，但不是台钓独有的。

❖ 科学用饵

台钓与其他垂钓方式相同，十分重视垂钓的用饵。台钓一般多用粉状原料调成饵团施钓，并根据用途针对性地配制钓饵，一般不用单一粉状原料做钓饵。台钓钓饵不仅选用垂钓对象喜食的原料做基础料，还引进了雪花粉、拉丝粉、黏粉等原料做饵团状态的调节剂。通过调节这些原料在钓饵中的比例，可调控饵团在水中的状态，如饵团的雾化效果、比重、黏度等。此外，台钓钓饵中还常常加入高效诱食剂，使用鱼更加喜食的钓饵。

台钓一般不用蚯蚓、蝇蛆等“传统钓”中常用的钓饵，其优点是不仅干净卫生，而且大大提高了换饵的速度，尤其是近年出现的台钓拉饵，使上饵在瞬间即可完成，进一步提高了垂钓效率。台钓一般不用酸臭饵，其粉状饵中多加有香精作为诱食剂，使得鱼饵的气味芳香宜人，从另一方面提高了垂钓的舒适性。

台钓入门

台钓一般需要经过入门、独立垂钓、苦练基本功三个阶段。台钓是可以做到轻松入门的，此阶段的关键是激发起垂钓的兴趣。对垂钓产生了兴趣后，就需要掌握基本的垂钓操作，也就是说要能独立垂钓。能够独立垂钓了，表明已入了门，但还不能说玩好了。要想成为台钓老手，必须具有良好的基本功。但要想成为真正的台钓高手，除了需要具有良好的基本功外，还需要有准确的分析、判断能力。下面分别介绍各阶段的应知应会。

对于从未摸过钓竿的人来说，要学习台钓，首先是要感受和培养钓鱼的乐趣。要培养起钓鱼的兴趣，关键是在初期的垂钓尝试中能钓到鱼，从中感受到垂钓的乐趣。初期的垂钓尝试如果不能感受到垂钓的乐趣，就很难有第二次的尝试，很可能就会放弃垂钓。因此，在初期的垂钓尝试中，应尽可能降低垂钓的难度，以保证能钓到鱼，钓较多的鱼，钓到多得让自己吃惊的鱼。有条件的话，台钓的准备工作，如台钓装备的架设、调漂、调饵（开食）等，建议请台钓教练帮助完成，或者干脆直接坐上朋友的钓箱，接过朋友手中的钓竿开钓。

降低垂钓难度的关键是要把握好出钓的时机、地点，也就是说要在鱼摄食旺盛的时候、在鱼多的水体中进行垂钓。一般要注意以下三点。

❖ 季节

从未摸过钓竿的人学习钓鱼，最好开始于每年的4月。因为垂钓的黄金季节是每年的4月到11月。从4月开始学习钓鱼，就有半年之久的垂钓黄金季节来进行学习，可充分满足初涉台钓时的新鲜欲望。经过半年的尝试、学习，独立垂钓不再成为问题，基本功也有了一定水准，可能到年底就已成为一名高手了。

❖ 天气

初期尝试钓鱼，要注意当日的天气情况。晴天有微风最佳，至少不能在闷热的天气条件下出钓。因为闷热往往是气压低造成的，而气压低会导致水中的溶氧低。水中的溶氧低，会造成鱼的摄食欲望不强，以致浮漂的信号弱，甚至怪异，从而会大大增加垂钓的难度。

❖ 地点

第一次尝试台钓一定要去水中鱼密度大的钓场去钓，最好是去有高密度的生口鱼的钓场。一般来说，“称斤”的小型商业钓场的鱼密度较大，而且多为生口鱼。“称斤塘”的鱼吃食凶猛，漂讯典型，上鱼比较容易，是初学者感受垂钓乐趣的最佳场所。台钓俱乐部的练习钓场池底平坦，鱼的密度大，可钓到鱼，但要钓到较多的鱼则有点困难。因为台钓练习钓场的鱼，多为经过反复钓放的滑口鱼。滑口鱼吃食时警惕性高，要钓滑口鱼需要有较高的垂钓技术。

独立垂钓

对钓鱼有了兴趣，钓鱼就要继续下去，第一目标当然是要能独立垂钓。要想独立垂钓，首先是要添置属于自己的台钓装备，其次是要能在钓场将台钓装备组装起来，再次是必须了解台钓最基本的技能，如调漂、调饵（开食）、更换子线等。

❖ 第一套台钓装备的选购

在某种意义上讲，台钓玩的就是器材。因此，对台钓产生了兴趣，第一件要做的事自然就是走进渔具店，添置台钓装备。台钓装备分为必备装备和辅助装备两大类，必备装备是台钓不可缺少的，辅助装备也是需要的。如果想节约，有些可暂时省略。

第一套台钓装备选购的关键是量力而行，要根据自己的经济承受能力来配备。台钓装备中，钓竿、浮漂的数量、种类会随着垂钓倾向的形成、台钓水平的提高、台钓领域的拓展（垂钓对象、垂钓水域）、发烧热度而增加。而钓箱、竿架、抄网、竿包、鱼护、鱼护包等则属于“一次性”购买的基础装备，不会因需要而增加，只会因发烧而升级。线组、钓饵等属于消耗品之列，并不是“固定资产”。一般来说，经济条件好的，可直接购买中高档器材，以避免低档器材在不久的将来成为鸡肋。在购置第一套台钓装备时要注意的是，第一根钓竿、第一支（套）浮漂在购买时最好能了解其设计理念、性能特点以及所针对的鱼情，便于今后的配套添置。

1. 必备装备

（1）钓竿

钓竿是最重要的台钓装备之一。台钓竿种类、品牌繁多，价格差别也极大。一两百元的台钓竿有，高达数千元的也不稀罕。新手该如何选购钓竿呢？

不同的钓竿有着不同的用途，一根钓竿对于台钓爱好者来说是绝对应对不了各种鱼情的，满足不了所有的垂钓需要。一名台钓发烧友，钓竿的数量总是会不断增加的。因此，对于初次接触钓鱼的人来说，第一根钓竿的添置没必要考虑得太多，买根轻量级的（竿重必须控制在 100 克以内）3.6 米长的台钓竿即可。

第一根钓竿的关键是要够轻，要能保证抛竿自如，确保初学者能在较短的时间内掌握抛竿技术。掌握了抛竿技术，钓点才能固定。钓点能够固定，才可能玩好台钓，钓到的鱼才可能多，才能充分享受台钓的快乐。钓竿的价位主要取决于经济实力和对自己细心程度

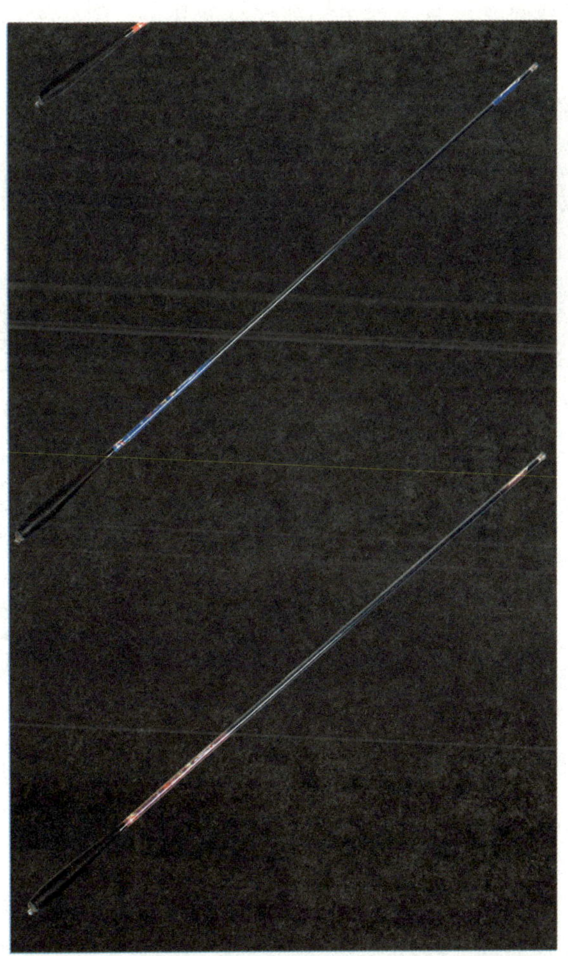

的判断。经济实力强、操作细心，可直接买自己喜欢的中高档钓竿。因为正常使用钓竿，钓竿是不易损坏的，在某种意义上讲钓竿也可算是耐用品了。但是，初学者往往易犯低级错误，一不小心，钓竿被踩断、碰断的事情时有发生。因此，第一根钓竿便宜点也行，真正发起烧来再换好竿也不迟。

（2）线组

线组的选用和搭配是台钓重要的技术要领之一。台钓线组搭配的组合太多，初学者不易掌握。因此，初学者可直接按下述的搭配来配置初期的线组。现在渔具店的服务较好，一般均可为客户装配线组。因此，直接请渔具店配 1 号、2 号主线各两套（其中一套做备用），“0.6 号线 + 4 号钩”“1.0 号线 + 7 号钩”的子线各 10 副即可。子线是消耗品，新手的消耗量尤其大，因此子线可适当多配一

些。上述线组搭配中的钓钩均为关东钩，若为新关东钩，则为 0.4 号或 0.7 号。

需要指出的是，这样的线组搭配主要是针对初学者，主要用于垂钓的黄金季节钓混养，并兼顾野钓。同时考虑了垂钓时有上大鱼的可能，以及初学者掌握不好太细钓线的使用等因素。

（3）浮漂

浮漂是钓鱼人的眼睛，浮漂的好坏与垂钓效果有着密切的关系。台钓用浮漂群来应对各种不同的鱼情，一支浮漂不可能满足台钓的全部垂钓需求，这点与摄影师需要配备庞大的镜头群是同样的道理。

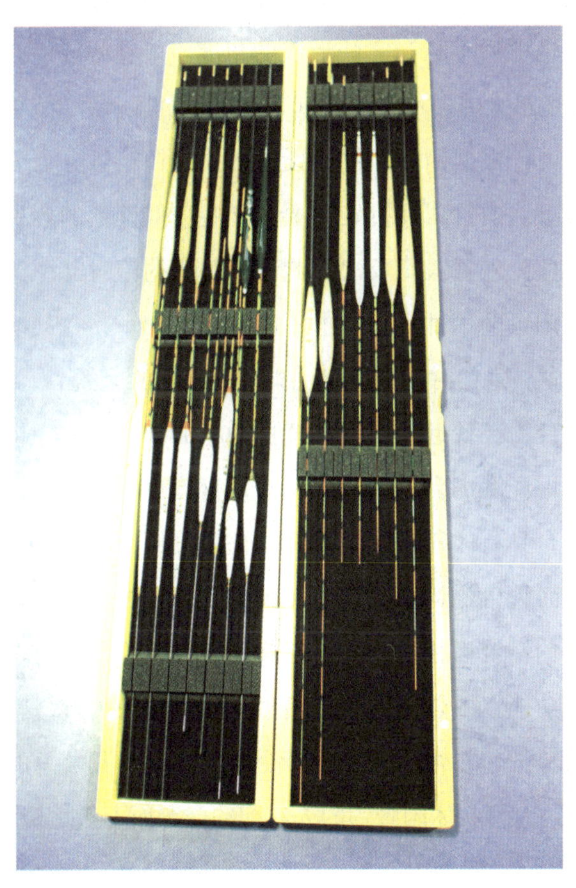

作为初学者，首支（套）浮漂宜选择细长身类型的钓底类型浮漂，因为初学者通常是从钓底开始学习台钓，而且钓底漂也是台钓所必备的浮漂类型。至于是硬尾漂还是软尾漂，则可根据个人喜好选择，但视力不好者宜选择细长身的软尾漂，甚至是龙凤尾漂。

（4）钓箱

在标准的台钓装备中，钓箱是必不可少的。如果不配钓箱，则很难享受到台钓的快速、舒适。钓箱的种类、规格、品牌均较多，从使用的角度看，各种钓箱的实际差异并不大。因此，钓箱的选择购买，主要是从耐用性和舒适性来考察其综合性价比，根据自己的经济承受能力购买即可。选择钓箱最重要的是钓箱要能坐着舒服。一般来说，坐下后小腿和大腿形成的角度应能在 60 ～ 90 度之间自然调整，角度过大或过小，操作起来就会不舒服。

一般来说，根据钓箱配件的设置方式，钓箱可分为内置式和外置式两种类型。内置式在拆装时要方便些，但其上的各种支架的稳定性要略差些；外置式则反之。此外，购买钓箱时需注意钓箱上是否有安装遮阳伞的配件，钓箱上不能固定遮阳伞，在某些钓场就无法支起遮阳伞，垂钓时就只能忍受雨水或太阳的煎熬了。

此外，台钓装备近年出现了替代钓箱的新产品——钓台。钓台是新手可考虑配备的台钓用具，尤其是喜欢休闲野钓的钓友。与钓箱相比，钓台具有体积小、重量轻、携带方便、便于在斜坡上架设的优点，因而钓台比钓箱更适合于野钓。钓台的价格也较适中，一般与低端的钓箱价格相近，甚至还略低一点。钓台的缺点是缺少了钓箱的储物功能，不能兼做工具箱用。如果配备钓台，就必须配备一个较大的鱼护包，否则无法携带全部的必备钓具。总的来说，钓台更适合野钓，喜欢休闲野钓的人宜配钓台，而不是钓箱。

钓台收起来是一个比漂盒略大一点的长方形盒，但台钓所配的竿架、饵盘、鱼护等的连接件，以及饵盘、椅背等配件是不能收在钓台的盒中的。

不论是钓箱还是钓台，一般都已配备了专用的饵料盘，不必另买饵料盘。需要注意的是，现在拉饵盘已成为台钓的必备钓具之一，但钓箱或钓台所配的饵料盘是否为拉饵盘则不一定。一般新款的钓箱或钓台所配的均为拉饵盘，老款的有可能只是普通的饵料盘。因此，在购买钓箱或钓台时要注意所配的饵料盘是否为拉饵盘，否则又得为拉饵盘花上点钱了。

（5）竿架

竿架是台钓在垂钓过程中用来放置钓竿的，也是不可缺少的台钓装备之一。竿架的选购以性价比的高低为选购原则。竿架分为两

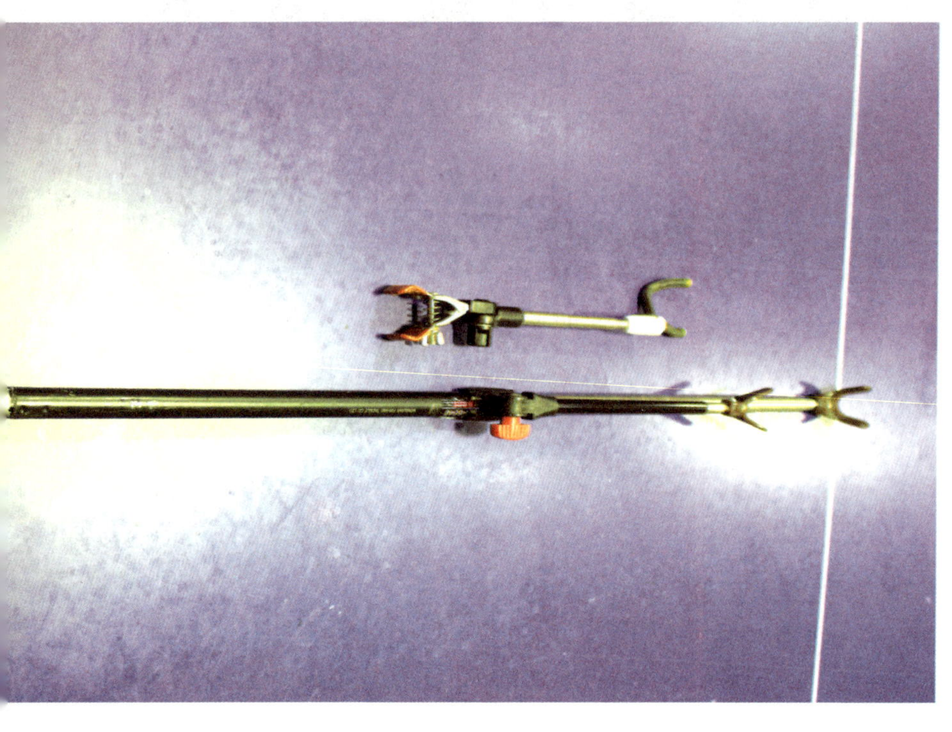

种类型，一是钓箱专用型，只能配合钓箱使用；二是两用型，既可配合钓箱使用，也可插在地上单独使用（不用钓箱时的简易台钓）。如果你喜欢野钓，或出差旅行时也想抽空玩上一把台钓，两用型的竿架将是十分有用的。

（6）抄网

抄网虽然不是台钓的独有装备，却是不可缺少的。抄网以柄长、重量轻、承重力大的为上品，以性价比的高低为选购原则。可考虑大、小抄网各配一个，以应对大鱼和小鱼。小抄网在某种意义上讲是台钓的专用抄网，其网布柔软、网眼较密。大抄网是各种钓法通用的抄网，其网布的网眼较稀。

（7）竿包

竿包有带支架和无支架的两类。带支架的竿包展开支架可斜立放置，使用时干净、方便，但带支架的竿包较重，携带不便，价格也较高。无支架的竿包重量较轻，携带方便，价格也较便宜。到了钓场，无支架的竿包只能平放在地上，使用时不方便，也不卫生。

（8）鱼护

鱼护是用来存放钓起的鱼的网袋，以免鱼一钓起就死亡。选购鱼护要注意两点。一是鱼护的长度，一般长达 2.5 米的鱼护基本够用；2 米以下的鱼护有时会因钓点离水面太高而无法使用；二是鱼护的网眼不能太大，否则钓到的小鱼放进鱼护后会从网眼中逃逸。此外，在购买鱼护时要注意鱼护是否配有脱钩器。脱钩器在钓小鱼、快鱼时是不可缺少的辅助用具。如果所购鱼护不配脱钩器，就得另外花钱购买了。

（9）钓饵

钓饵其实不算装备之列，只是消耗品。现在的台钓商品钓饵种

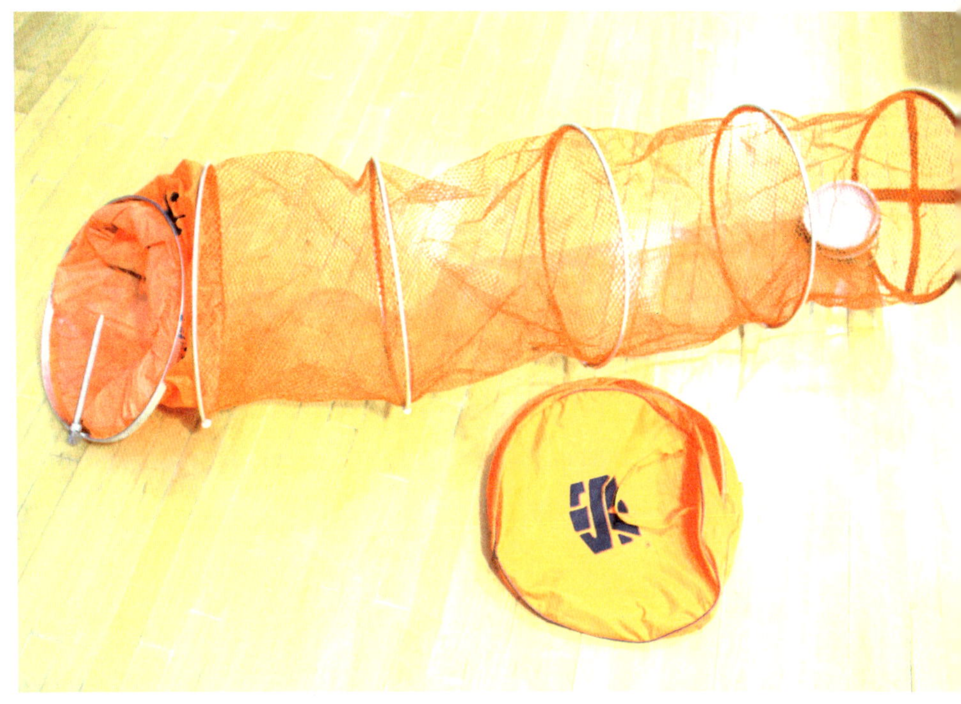

类繁多，可根据自己主钓的对象鱼来选购种类，如想钓鲫鱼，自然是要买鲫鱼钓饵。一般地，台钓商品钓饵买来后，按照说明书的调食方法开食即可使用。如果要想获得更好的垂钓效果，可数种商品饵混合使用。大的钓饵厂家在其网站上均有最新的商品饵混合使用的推荐配方，有兴趣的不妨在进渔具店前先上网查询，以便于购买。

2. 辅助装备

辅助装备主要指的是一些工具配件，包括多功能漂盒（存放浮漂、主线、备用子线、铅皮等）、竿止、铅皮、摘鱼器、小水桶、毛巾（抹布，最好带两条）等。这些小玩意可都是台钓中不可少的，要是忘了买，或是没带到钓场，会给垂钓带来不少的麻烦，甚至无法垂钓。

3. 防护用品

钓鱼是户外运动，因而防护用品也是不可少的。防护用品主要包括遮阳伞、太阳帽、防晒服、防晒霜、偏光镜等。遮阳伞是最重要的防护用品。遮阳伞的选购要注意以下几点：一是伞布要具有防紫外线的功能；二是伞头的方向要能调整，以增强、改善遮阳效果；三是伞头要有通气功能，以降低稍稍有风就吹翻遮阳伞的概率。

偏光镜在垂钓中是十分重要的。垂钓时佩戴偏光镜，可过滤掉水面的反光，既有利于眼睛的保护，也有利于观漂。

❖ 开钓前的准备工作

台钓在开钓前的准备工作是较多的，包括台钓设备的组装、架设，调饵，调漂等几个方面。

1. 钓箱定位

来到钓场，选好钓位，首先要将钓箱定位，以钓箱平稳不晃动、坐着舒适为准。新手在选择钓位时除了要考虑鱼情外，还要注意避开树木、电线等障碍物，以免因扬竿不当挂线，造成不必要的麻烦和损失。因为新手总是会出现扬竿过重，钩线飞至人的后上方的情况。

2. 设备架设

在钓箱的各个连接孔中分别插入竿架、饵料盘、鱼护，拧紧固定螺丝即可。需要注意的是，要注意调整好饵料盘、鱼护、竿架等的位置、高度，以操作顺手、舒适为准。

3. 调饵

调饵被钓友们常称为开食。是台钓的一个重要技术环节。台钓一般使用粉状饵，在使用时加水调成饵团后再挂钩施钓。饵调得好坏，对所调成的饵团在水中的状态有极大的影响，并直接关系着上鱼效果。能否调好钓饵，关键是钓饵中各种原料的分布是否均匀，加水量、搓揉程度是否适当。

4. 钓组的组装

（1）穿上竿止，拔出前堵

竿止是台钓装备中的一个小配件。钓竿上穿有竿止，当钓竿放在竿架时，可阻止钓竿滑入水中。在上鱼频率不高时，竿止是不可缺少的。在连接主线前，一定要记得先将竿止穿上，否则一切又得重来。也可在收竿时将竿止留在钓竿上（不取下），这样可确保不会忘记穿上竿止。穿上竿止后即可拔出前堵，开始上主线了。前堵拔出后，要注意将前堵收放在安全的位置，否则容易丢失。

（2）钓竿与主线的连接

将钓竿倒置，使钓竿的竿尖露出，通过马蹄结将主线与钓竿上的布袋线相连，再将太空豆上拉，锁住马蹄结，以免主线从钓竿上脱落。连接好主线，再将钓竿逐节拔出展开。钓竿展开时要注意逐

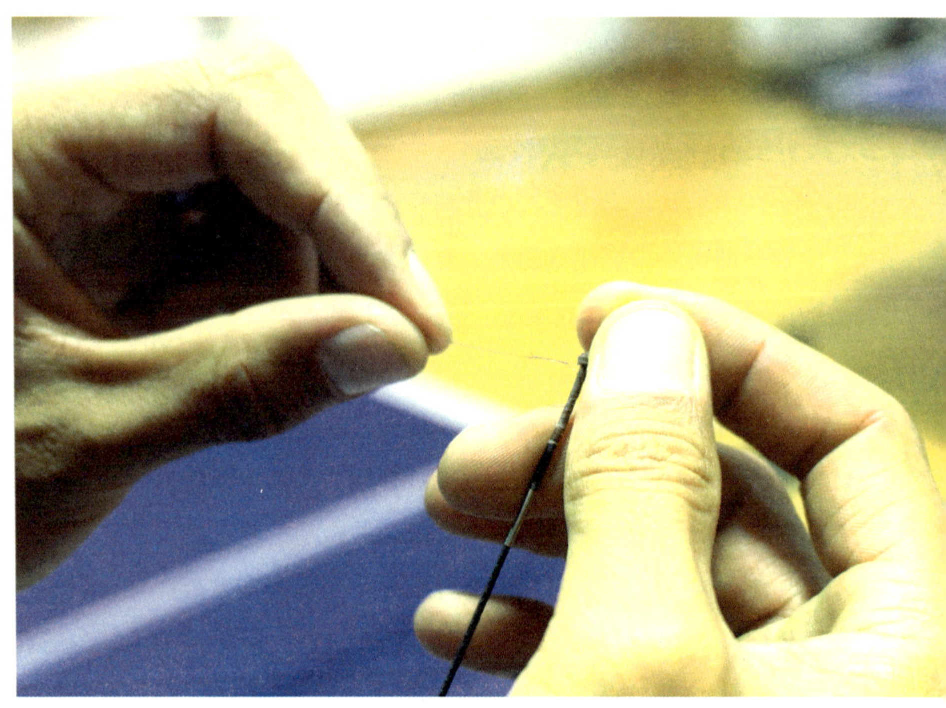

节适度抽紧，确保节与节间的紧密连接。如果钓竿的某一节没有紧密连接，碰上大鱼，该节就将是断竿的断点。

（3）浮漂与主线的连接

主线上有专门的浮漂座，将浮漂的漂脚插入浮漂座即可。插入浮漂时要注意正对着浮漂座的孔，以免刺穿浮漂座而损伤漂座。此外，浮漂插入后要试着回抽检查，保证漂脚与浮漂座的紧密连接。浮漂插好后，钓组的组装完成，将装配好的钓竿放在竿架上即可。

5．竿架调节

调整竿架的长度及竿架的倾斜度，使钓竿的竿尖入水 3 ～ 5 厘米。竿尖要求没入水中，是台钓的特点之一，其优点有二：一是可使从浮漂到竿尖这一段主线大体绷直，这样有助于扬竿时的力量传递，从而提高鱼的命中率；二是主线压入水中，可减低风力的影响，钓竿较少晃动。

6．调漂

台钓的调漂，包括调目的调整和钓目的调整两部分。调目的调整是铅皮的配重过程，钓目的调整是找底（测量钓点水深）的过程。

（1）调目的调整

所谓调目，就是线组在配置了一定的铅皮重量后，空钩半水时浮漂露出水面的目数。在调目的调整过程中，要求钓钩、铅坠在水中呈悬浮状态（钩坠不接触水底），俗称“半水调漂”。注意，“半水调漂”并不真的是要让钩坠悬在水深的中间位置，其真正的含义是钩坠处于不触底的状态。

（2）钓目的调整

所谓钓目的调整，就是通过改变浮漂在主线上的位置，使浮漂露出水面的目数达到预设钓目的数目。钓目的预设数目与漂讯的灵

敏度密切相关，钓目数越小，漂讯越灵敏；反之亦然。一般来说，钓目预设以 2 目左右为宜。需要指出的是，钓目对漂讯灵敏度的影响是不及调目的，因此，钓目的预设更要视垂钓者的视力状况来决定，首先要保证能清楚地观察到浮漂的动作；其次，调目调好后，如果上鱼情况不佳，也可不加减铅皮，而是调整钓目来进行浮漂灵敏度的微调。

钓目调整是在调目调整完成后才进行的，是一个找底（测量水深）的过程。钓目调整在调目调整的基础上进行，钓目调整只改变浮漂的位置，不再改变铅坠的配重。

初学者以用橡皮调整法为宜。即在调目调整完成后，在下钩上挂块小橡皮，抛竿后浮漂没入水中，然后将浮漂逐步上移，直到浮漂露出预定的钓目为止。注意，所挂的小橡皮要有足够大的重量，要能使浮漂没入水中。小橡皮的形状以扁平为宜，以扩大橡皮与水底的接触面积，避免橡皮没入水底的软泥中，造成“过底”而影响漂讯。

❖ 应急措施

初学者在垂钓中常常出现的麻烦是钓线缠竿、子线打结，这往往是由于扬竿不当造成的。因此，初学者必须掌握相应的应对措施，否则是无法独立垂钓的。

1．避免钓线缠竿

钓线缠竿主要有两种原因。其一是扬竿动作不规范，扬竿时没有称鱼的过程，用力过猛，一扬到底。如果扬竿不中鱼（空竿），用力又过猛时，坠、漂必然会砸向钓竿，造成钓线缠竿。为避免空竿扬竿时的缠线，扬竿要严格按照规范动作进行。其二是中钩的鱼在扬竿过程又脱钩，原因主要有二：一是扬竿过猛，撕破鱼嘴；二是扬竿的时机把握不好，扬竿过早，以致中钩的部位过浅而拉破鱼嘴。中钩后又脱钩是造成钓线缠竿的重要原因之一，而且不易完全避免。要化解这种钓线缠竿，必须在发现坠、漂砸向钓竿时，迅速顺势挥舞钓竿向侧面画一弧线，这样就可有效地避免钓线缠竿的发生。

2. 钓线缠竿——拔漂

如果钓线已经缠竿，只有耐心将结解开，并要注意尽可能不让主线打结。因为主线一旦打结，所能承受的力度会大幅度降低，影响主线的正常使用。解除钓线缠绕竿打结的技巧是先将浮漂拔出，再慢慢顺势解开。浮漂往往是钓线打结的祸根，拔出浮漂后，问题一般是比较容易解决的。

3. 更换子线

子线是台钓的消耗品，而且消耗量较大。初学者由于扬竿动作

常常不规范、脱钩器的使用技巧未掌握，子线更换的频率更高。钓一天鱼，消耗 3 ～ 5 副子线是正常的，用 10 副子线也不足为奇。因此，要想独立垂钓，必须掌握子线的更换。

更换子线的方法：

剪去旧子线。将新子线上端的结环穿过连接环的下环后，顺势绕子线 2 ～ 3 圈。绕两三圈后会形成一个套在连接环上的一个圈。然后将子线的结环穿入圈内，抽紧即可。注意，抽紧时要分两步，先是两根子线一起轻拉，初步定位；然后再一根一根分别将其拉紧。子线一般较细，所能承受的拉力有限，拉紧时不可用力过猛，否则新换上的子线会呈麻花状，根本不能正常使用，还得继续更换。更换子线的打结方法是垂钓中经常要用到的方法，必须掌握。

❖ 收场

垂钓完毕，收拾家当也是十分重要的。不注意收场，会影响下一次的垂钓，甚至会出现损漂、折竿，造成不必要的损失。收场要细心，并要注意收场的顺序。一般来说，先将钓竿稳稳地放在竿架上后，就开始收鱼护、小水桶，清洗饵料盘，以便有一定的时间进行晾晒，再依次收漂、钓竿、钓线等。

1. 收鱼护

收鱼护的要领有二：一是要清洗；二是要适当晾晒，故鱼护宜早收。鱼护展开后的体积较大，而且常常带有较重的腥味，在家清洗、晾晒不便。此外，如果用了小水桶，也宜早清洗、早收，以便于晾晒。

2. 收饵料盘

将饵料盘单独提出，这是因为台钓的钓饵一般较黏，长时间垂钓后，饵料粘在饵料盘上，常常需要先浸泡一会儿才能清洗干净。

不先泡饵料盘，常常会耽误收场时间。此外，饵料盘洗净擦干后，最好能有一定的时间晾晒，再装包收起。

3. 收钓组

钓竿和浮漂是台钓中较昂贵的装备，也是受损概率最高的装备。因此，停止垂钓，首先就要将钓杆和浮漂安放稳妥。

（1）收漂

扬竿将钩线从水中提起，先将浮漂从浮漂座中拔下，再将钓竿放到竿架上。将浮漂上的水及附着的异物用毛巾（抹布）擦干净，放入漂盒即可。

（2）收竿

收竿前要先将子线上的双钩放到一个安全处，以免钓钩乱挂，造成不必要的麻烦或损失，如果配有拉饵盘，可将双钩放在拉饵盘

的磁铁上，磁铁的吸力可固定钓钩的位置。收竿时要注意旋转着向下用力，并擦干钓竿上的水及附着的异物，擦一节，收一节，直至竿尖。收至竿尖后，将竿、线分离，塞上钓竿的前堵，套上钓竿保护袋，放进竿包中即可。

（3）收线

钓竿收至最后一节时，拉开太空豆，轻拉钓线上的短线头，钓线即可从钓竿上脱落，这是马蹄结的特性所致。收线时将主线连同子线小心绕在线轮或线盘上，最后将子线上的钩挂在线轮或线盘上即可。

❖ 钓具的保养

钓具的保养总的来讲是比较简单的，主要是清洗、擦拭，保持钓具的清洁卫生。存放时要注意避光和保持干燥。

钓竿的保养还要注意两点：一是清洗、擦拭时最好是打开钓竿的下堵，将钓竿一节节拆出来进行；二是要进行充分的晾干。钓竿内壁的水是擦不到的，只能晾干。不除去钓竿内壁的水，常常会造成垂钓时竿尖倒不出来。长时间不用的钓竿，拆出清洗后可放置数日晾干后再组装存放。垂钓频率高的，没时间拆出清洗，可擦拭后收竿，但不要插上堵头，保持钓竿内部的空气流通，以晾干水分。

苦练基本功

台钓的一个重要特点是快速。台钓的垂钓效率比“传统钓”高，是台钓技法的优势所致。同样采用台钓，要比别人钓得更快、更多，则要看谁的台钓技法更加老练。所以，台钓的基本功十分重要，要真正学好、玩好台钓，就必须下一番功夫，苦练台钓基本功。

❖ 台钓技法概述

台钓技法（基本功）包括操作技巧、技法技巧两个方面。

1. 操作技巧

要了解台钓的操作技巧，可以先看看钓一场鱼的全过程。当我们背着钓具来到池边，台钓的流程如下所述：选好钓位，固定好钓箱或钓台，架设装备，组装钓组，调饵，调漂，开钓。重复上饵、抛竿、扬竿、摘鱼的过程，直到收场装包回家。

从台钓的流程可知，开钓前的准备和结束后收场的快慢，尤其是调漂速度的快慢会影响实际垂钓的时间。开钓后，上饵、抛竿、扬竿、溜鱼、摘鱼等每一个操作步骤的完成质量、所耗时间，均会影响垂钓的效率。上饵、摘鱼等过慢，会影响抛竿频率。抛竿的落点不准，则难以聚窝，垂钓效果不好。扬竿动作不规范，不仅容易跑鱼，还常常会造成钓线缠竿。一旦钓线缠竿，不仅要浪费不少垂钓时间，还可能因长时间不补窝，窝点中聚来的鱼又散去，又得重新打窝聚鱼。溜鱼技术不到家，不仅需要花费较长的时间溜鱼，还易惊窝，也可能在溜鱼中跑鱼。如果操作不当，溜鱼时还可能出现断线、断竿的现象。因此，要想比别人钓的鱼多，就必须熟练掌握台钓的操作技巧。要想熟练掌握台钓的操作技巧，唯一的途径是多钓多练。

2. 技法技巧

这里所说的技法技巧，指需要进行分析判断的台钓技法，如钓位选择、观漂技术、用饵技术、临场应变等。技法技巧属于台钓的高级技术，技法技巧的掌握需要具有敏锐的分析判断能力和长期垂钓实践经验的积累。

❖ 抛竿

在介绍抛竿要领前，先讲一下台钓的握竿方法。台钓握竿的常用方法是手握竿把，拇指压在竿上面，另四指在竿下面形成握式，但食指可向前托住钓竿，这种握竿方法对各种鱼情都比较适合（并通握竿法）。另一种方法是手背朝上，食指向前压在把柄上，拇指在侧与其他三指形成握竿姿势，最适于钓鲫鱼，可以避免过分剧烈的动作（钓鲫握竿法）。如果钓竿较重，握竿时可将手适当放前一点，即将竿柄在后面露出一点，这样握起来的感觉会轻松一些（重竿握竿法）。当然，其他握竿的方法也可用，只要符合自己的习惯即可。

抛竿在台钓的垂钓过程中是一个至关重要的基础环节。能否正确、熟练地掌握抛竿技术，直接关系着垂钓成绩的优劣。台钓高频

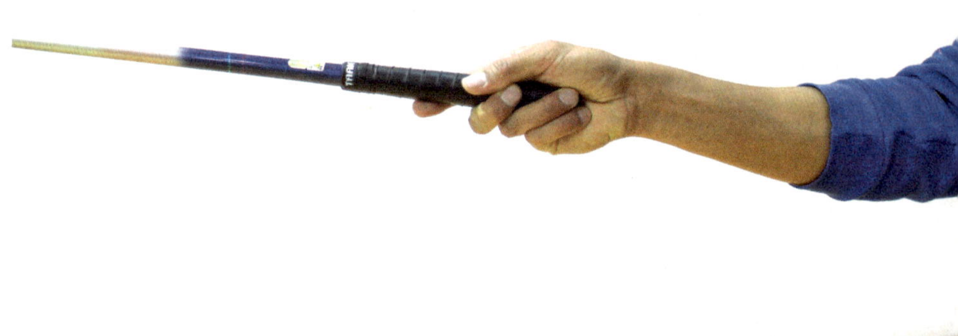

率的抛竿是台钓诱鱼的一个重要过程，完美的抛竿应该落点准确，饵坠的落水声清脆。抛竿动作正确、规范，抛竿效果良好，钓饵落点集中，才可能将鱼诱到钓点，高上鱼率才有保证。反之，如果抛得不得法，东抛一竿，西抛一竿，钓饵落点不集中，轻者将鱼引乱、引散，严重时会钓不到鱼。此外，如果不能掌握抛竿技术，落点不准，遇到水底凹凸不平时，甚至无法进行正常调漂（钓目），从而导致无法正常垂钓。

初学台钓者要正确掌握抛竿动作，必须先在陆地上进行多次练习。方法是根据竿、线的总长度，在前方画一直径 50 厘米的圆，然后抛竿，一竿一竿抛，直至绝大多数能将两钩和铅片座抛入圆圈内。注意，落点在直径 50 厘米的圆内，还只是休闲垂钓的标准，如果以竞技比赛的标准，落点则要进一步缩小，落点要求能控制在直径 10～20 厘米的圆内。当然抛竿的动作也必须规范正确。

1. 抛竿要领

抛竿的方式较多，无论采用何种抛竿方式，只要能做到落点准确，饵坠的落水声清脆即可。

以垂钓者的姿势划分，抛竿方式可分为坐抛和立抛两种。坐抛，即垂钓者坐在钓箱上，右手握竿，左手指捏住子线的中段，运用腕、臂及腰部力量，对准预定的钓点，借助钓竿弹力将钓饵一起抛向正前方。立抛则是垂钓者直立，双脚叉开与肩同宽，同坐抛的方法一样，将钓线、钓饵和钩抛出。注意，坐抛是台钓的标准抛竿技法，只有坐抛才能充分体现台钓的快速和舒适性。但立抛较坐抛容易掌握，初学者不妨从立抛开始学习抛竿。此外，立抛的运动量大，常有人在休闲垂钓中为了增加运动量而有意采用立抛。

从抛竿时的手法看，抛竿又可分为垂直荡送法、横向弹送法、

上抛甩送法三种方式，以适应不同的垂钓条件。

（1）垂直荡送法

抛竿前，钓者需坐直，右手握竿，手臂端平，左手拇指、食指和中指捏住铅片座下的子线，并用无名指将两子线分开，轻轻向后拉，使竿梢呈弓状。将竿线成上下垂直并对准竿架所指前方，利用手腕上扬的爆发力和竿梢的弹性将钓抛出，随后继续向前压低竿身，使竿梢接近水面。钩、饵、坠、主线被抛至前端时与竿、手臂成二条直线，并且在落水之前其前冲力与竿的牵引力互相抵消为零，以使钩、饵轻轻入水，既不回弹，也不打弯。这种抛竿适宜在无风的环境中使用。抛竿动作在实施过程中，要使钓点、线、竿连成一直线，把钓饵、铅片座和钓竿的弹射力均匀地揉成一体，动作一气呵成，有一种轻松自然的感觉。

（2）横向弹送法

垂钓时如果有风，尤其是风较大时，必须采用横向弹送法，才可获得较好的抛竿效果。具体做法是：竿梢向下指向水面，离水越近，风的阻力越小。带紧钩线，使竿梢尽量弯曲，根据风力，算好提前量后，横向弹甩钓线，使钓线贴近水面向前到位。

（3）上抛甩送法

站在水中垂钓时可使用此法。具体做法如同单手扔长鞭。只是用力要柔和，以竿梢前甩时不出响声为准。

2. 压水线

前面讲的抛竿动作，实际上仅完成了抛竿任务的一半，另一半动作则是压水线。也就是说完整的抛竿包括抛出带饵团的钩，钓竿放到竿架上，压好水线三个步骤。

压水线的方法是：钓饵被抛至钓点后，将钓竿放在竿架上，当浮漂横在水面时，将放在竿架上的钓竿顺其自然地向后拉 15 ～ 20 厘米，等浮漂下沉立稳后，再将钓竿向前回送 15 ～ 20 厘米即完成压水线的操作。由于回拉钓竿的过程实际上是竿尖向下的滑动过程，可将浮在水面的风线拉沉到水中。压水线完成，要求风线全部没入水中，竿尖也要没入水中 3 ～ 5 厘米（注：竿尖没入水中是通过调节竿架上的倾斜调节螺丝及调节竿架的长度等来实现的，与压水线的操作无关）。

为什么要压水线？关键是要保证垂钓的正常进行，提高台钓的灵敏度及有效性。台钓把主线分为水线和风线两部分。所谓“水线”，是指从浮漂到铅坠的那段主线，因为抛竿后这段主线是没入水中的。所谓“风线”，是指竿尖到浮漂座的那部分主线。由于钓线的比重与水的比重相差不大，抛竿后一般风线不能自然沉入水中，而是漂浮在水面。钓线漂浮在水面，如果垂钓时有风，钓线受风力的影响有可能产生移动；如果风大，漂浮水面的钓线移动过多，将影响垂钓的正常进行。因此，台钓的操作规范要求压水线，以阻止漂、钩移位。

❖ 调饵开食要领

钓饵在水中的状态（成型效果）会对上鱼效果有较大的影响。从诱鱼效果来讲，饵团松散、具有一定或者较强的雾化效果，诱鱼效果较佳。从适口性来讲，只有柔软、蓬松的饵团才有利于鱼的吸入咬钩。因此，调饵是台钓的一个重要技术环节。

钓饵在水中的成型效果虽然是由钓饵配方决定的，但钓饵调得好与坏，会影响钓饵在水中成型效果的实现程度。调饵的基本要求是能忠实实现钓饵配方的成型效果，更高的要求则是根据鱼情，能

用同一种配方调出符合各种鱼情需要的各种成型效果；或者是在同一种配方的基础上，通过添加成型效果调节剂，改变钓饵原有的成型效果，以适应鱼情的需要。

调饵开食要领如下：

1. 先拌饵料后加水

其核心是保证钓饵中各种原料的均匀性。如果钓饵干粉中的各种原料不能均匀分布，调出的饵团就难达到其设计的应有状态。如果钓饵中诱鱼成分不均匀，还将影响诱鱼效果，甚至因局部饵团的诱食剂含量过大而影响到鱼咬钩。因此，调饵必须保证钓饵中各种原料的均匀分布，拌匀饵料是调饵的一个重要的基础环节。

钓饵处在干粉状态下容易拌匀，加水后再想拌匀则较困难。如果数种商品混合使用，尤其要注意饵料必须要先拌匀，否则难以达到混合使用的目的。因此，调饵开食必须先拌饵料后加水。

2. 加水量

加水量对饵团的软硬度、雾化效果、适口性有较大的影响。一般来说，加水量大，调成的饵团稀、软，雾化效果好，适口性好；加水量小，则饵团硬，雾化效果差，适口性差。但是要注意，略稀一点的饵团的适口性虽好，但附钩性差，若抛竿技术不过关，饵团在抛竿过程中容易脱钩。因此，初学者不宜过于追求稀、软饵，要以能正常抛竿为准。

台钓调饵一般是采用体积比来控制加水量。多数商品钓饵的加水量（饵、水体积比）均为 1:1。因此，调饵时量杯是不可缺少的工具，对于初学者尤其如此。

需要注意的是，加水最好能一次加足。如果不能一次加足，再加水或干粉饵料来调整则非常麻烦，而且难以保证饵料的均匀性。

加水量主要是参照钓饵说明书的要求来添加，但最好是根据自己的调饵试验结果来确定水的添加量。

3. 搓揉程度

搓揉程度对饵团的雾化效果及黏度有较大的影响。调饵时，恰当地搓揉可充分体现钓饵配方的设计效果，如配方的正常雾化效果、合适的黏度和适口性。如果搓揉过度，饵团的雾化效果差，黏度增大，适口性差。注意，调饵只是搅拌、轻拍捏拢成大团，而不能像包饺子和面，用力搓揉。

4. 了解所用饵料的特性

要想调好钓饵，首先应该对自己所用的钓饵有充分的了解。也就是说，要做调饵试验，来熟悉、了解所用钓饵的特性。将干粉钓饵调成饵团，要经过吸水、成熟、衰退三个过程。

前面提到干粉钓饵加水并搅拌后要放置数分钟，“放置数分钟”就是钓饵的吸水过程。因为干粉钓饵中的某些成分吸水量大，干粉钓饵的吸水过程需要一定的时间。钓饵轻拍捏拢成团后，虽然已可使用，但一般尚未达到理想状态，还需继续放置，直到掰开饵团可见到拉丝粉形成的“丝”为止。拉丝粉形成“丝”的过程即为饵团的成熟过程。饵团在成熟期为最佳的使用时期，此时饵团充分体现了钓饵的设计理念。如果调好的饵团放置时间过长，饵团的性能会发生衰退，饵团性能发生衰退后是达不到其应有的水中状态（成型效果）的，例如，有些品牌的钓饵会出现饵团变稀的现象，行话称之为“返水”。这是因为饵团吸收了空气中的水分所致，在空气湿度大时尤易发生。有时空气过于干燥，有些品牌的饵团长时间放置后，饵团的表层会出现变硬的干裂层。如果出现干裂层，干、硬的饵团的雾化效果、适口性均大大降低，将影响垂钓效果。

因此，对自己所用的钓饵有充分的了解是十分重要的，只有充分了解了所用钓饵的特性，才能采取相应的措施。

此外，要形成自己的调饵操作程序，即将调饵的搓揉程度固定下来，这样可将调饵时的变量减少到只有加水量一个，便于掌握。将调饵的搓揉程度固定下来，就可开展调饵试验。通过调饵试验，可了解不同的饵、水比所调出饵团的差别。注意，不同水温下，同一加水量饵团的状态也会有所差别。

5. 调饵量的控制

调饵量的控制主要是从节约钓饵成本、保证钓饵状态两方面来考虑。一般来说，第一次调饵不宜太多，因为对鱼情尚不了解，如果用饵不对路而换饵的话，未用完的饵就浪费了。调饵量的控制还需考虑预计垂钓对象的种类和大小，如果鱼大，饵可适当多调一些，

反之可略少一些。

❖ 上饵要领

台钓钓饵一般具有良好的雾化效果，饵团入水后呈蓬松的絮状，但钓饵的附钩性较差，一般在 2 ～ 5 分钟内会自行从钓钩上脱落。因此,台钓需要不断地上饵换饵。上饵的快慢直接影响抛竿的总次数，对垂钓的成绩有直接的影响。台钓的上饵方式分搓饵和拉饵两种。

1．搓饵

搓饵是台钓最基本的上饵方式。搓饵可大致分为休闲搓饵和竞技搓饵两种方法。

（1）休闲搓饵法

休闲搓饵法是先搓小饵球，再将小饵球搓到钓钩上，主要用于休闲垂钓。一般的操作步骤是抛竿后，右手握竿，眼观浮漂，同时左手搓小饵球，小饵球搓好放在饵盘上备用。休闲搓饵法简单，不学自会。但休闲搓饵法的上饵效率较低，只适用于休闲垂钓。

注意，备用的小饵球不要做得太多，小饵球在饵料盘上放置时间过长,表层会干裂（空气干燥时）或因返水过快变稀（空气潮湿时）而影响饵团在水中的状态。

（2）竞技搓饵法

如果要追求上饵的速度，必须采用竞技搓饵法。竞技搓饵法的操作步骤如下：

先从大饵团上切下两粒挂钩饵团大小的饵，用手指搓揉整理成长饵条，夹在食指与中指间备用。再用大拇指缝中上挑，将长饵条切断为两粒小饵团。其中一粒会粘在大拇指的指甲上（备用），另一粒仍夹在食指与中指间。将下钩放到食指与中指缝中的小饵团上，

顺势向下带动子线，使钓钩刺入小饵团中，再搓揉整理成水滴状即可。然后，将粘在大拇指的指甲上的那一粒饵团移动到食指与中指间,用同样的方法上上钩的饵。在握竿观漂等待时可再切一块饵备用，但要一直夹在食指与中指间，而不是放在饵盘上。

竞技搓饵法看上去是麻烦了点，但竞技搓饵法的上饵速度是休闲搓饵法无法比拟的。其实，竞技搓饵法不过是一个习惯问题，一旦养成了竞技搓饵法的习惯，一切也就顺理成章，搓饵的动作反而会减少到最少，毕竟竞技搓饵法是台钓高手多年的经验总结。新手最好一开始就练习竞技搓饵法，因为一旦养成了休闲搓饵法的习惯，再改竞技搓饵法将是难上加难。

2. 拉饵

拉饵具有上饵轻松、速度超快、干净卫生、饵团的雾化效果更佳等优点。拉饵是台钓新兴的高级技术，方便、好用、效果好，不论是竞技比赛，还是休闲垂钓，钓鱼人都乐于采用。

所谓拉饵，就是将双钩从饵团中拉出，利用钓饵中的小麦蛋白形成的纤维素丝，在双钩从饵团中的拉出过程中将钓饵自动附着在钓钩上，从而完成上饵的过程。拉饵有多种操作方法，如侧向拉饵、滚压式拉饵、刮墙皮式拉饵、刮拉法拉饵，但各种拉饵法的基本要领是一致的，即拉饵时双钩必须处于分开状态。只有双钩分开，拉出的双饵团才不会缠在一起，双子线也不会粘在一起，才能真正拉出双饵，达到良好的垂钓效果。要分开双钩，其关键是双钩放到拉饵盘的磁铁上后，要有一个横拖子线的分钩动作。

下面介绍两种常用的拉饵手法：

（1）侧向拉饵

侧向拉饵是拉饵的基本手法。具体操作如下：先将饵团整理成

球状，再将饵球的 1/3 处压在双钩上，沿侧向 45 度角向上拉动子线，即可完成上饵过程。注意，手不要死死握住饵球，手在饵球的一侧扶住即可，以免在拉饵操作时钓钩钩着手。

（2）刮墙皮式拉饵

刮墙皮式拉饵是当饵团做得不太好、不好拉时所采取的补救方法。具体操作如下：先将饵团的一面拍扁，再将拍扁的饵团立放在拉饵盘的吸铁石上，并压住钓钩，然后轻轻向上一拉即可。刮墙皮式拉饵与侧向拉饵的区别在于侧向拉饵所用的饵团是球状，拉饵时擦刮的是饵团的弧面，而刮墙皮式拉饵的拉饵面是墙壁似的平面。

❖ 把握漂讯

垂钓时，钓鱼人不能直接看到鱼是否咬钩。钓鱼人必须通过观察浮漂的变化，即浮漂表达的鱼吃食咬钩信号来发现和把握扬竿时机。钓鱼人常说浮漂是钓鱼人的眼睛，熟悉、了解漂讯，是垂钓的一项重要基本功，是钓到鱼、钓更多鱼的前提。

为什么浮漂能表达鱼吃食咬钩的信号？浮漂在鱼吃食咬钩时又会有什么样的动作呢？要想找到答案，先必须了解抛竿后浮漂入水的运动规律。

1. 浮漂运动的基本规律

台钓的特点之一就是有一个抛竿过程，因而钩、坠、漂在水中不是直接的垂直下降过程。台钓抛竿后，钩、坠、漂入水，坠、漂、竿三者间在水面呈直线状态。铅坠入水后即开始下沉，由于受到浮漂的浮力牵制，铅坠的下沉是以浮漂漂脚为圆心支点、呈90度弧线的轨迹下沉。正是由于铅坠的这种下沉，浮漂会表现出一系列的运动变化。浮漂的系列的运动变化，各浮漂的表现形式可能有所不同，但对于一支具体的浮漂来讲，在一定条件下是固定不变的，因此，浮漂入水后的这种系列的运动变化是浮漂的自身属性，是浮漂运动的基本规律，可分为以下两个阶段、七个过程。

（1）横卧水面

钩、坠、漂初入水，钩、坠在此阶段所产生的重力较小，尚不能拉动浮漂站立，因而浮漂此时仍然是横卧水面。

（2）翻身站立

在钩、坠弧线运动的中后期，钩、坠产生的重力不断加大，从而拉动浮漂从横卧到斜卧水面，直到翻身站立。

（3）短暂停顿

钩、坠完成90度弧线运动，浮漂翻身站立，此时各方向的力会出现一个暂时的平衡，从而浮漂在翻身站立后会有一个短暂的停顿。

（4）缓慢下沉

浮漂翻身站立后，经过短暂的停顿，铅坠所产生的重力带动浮漂开始垂直下降，直到钓钩接触水底。

（5）触底回升

浮漂缓慢下沉，当钓钩触底时（下沉到位），浮漂会略有回升。例如钓目设的（调整）是 2 目，浮漂缓慢下沉到 2 目后，会回升到 2 目半甚至 3 目，即可能会有半目或 1 目的回升（不同的浮漂，回升的目数不同）。注意，这个回升过程是极其短暂的、细微的，不注意观察是觉察不到的。“钓钩触底，浮漂会略有回升”，是空钩找底的依据。

（6）进入平衡

浮漂下沉到位略有回升后，会二次下沉至所设钓目，一旦再次下沉至所设钓目，浮漂就进入平衡状态，保持相对稳定。此时线组的重力与浮漂的浮力达到平衡，如果没有外力的作用，浮漂的目数就不再发生变化，稳定在所设的钓目目数。

（7）打破平衡——咬钩或钓饵自行脱钩

浮漂进入平衡状态后，就保持相对稳定。例如钓目设为 2 目，浮漂进入平衡状态后，浮漂的示漂就保持 2 目不变。只有当浮漂的平衡系统被打破，浮漂的示标才会出现变化。若鱼咬钩，就会打破平衡，浮漂表现为有力地下顿；如果鱼撞线，则表现为浮漂左右晃动；若钓饵自行从钩上脱落，则浮漂就会上浮到所设钓目的位置。

浮漂运动中，横卧水面、翻身站立、停顿、缓慢下沉、回升、进入平衡等过程中，浮漂是由动到静的过程，称为“动—静阶段”；打破平衡，浮漂则是由静到动的过程，称为“静—动阶段”。

2. 漂讯特点

所谓漂讯，就是浮漂所表达的鱼吃食咬钩信号。抛竿后，浮漂在水中的运动变化是有规律的。浮漂运动的规律是浮漂的自身属性，在没有外力干扰的情况下，浮漂的运动规律是不会改变的。如果出

现了外力干扰，浮漂的运动规律就会发生改变。因此，浮漂入水后，只要不是严格按照其自身的运动规律来运动，即浮漂的任何异常表现均表明浮漂的运动受到了外力的干扰。在钓点，这种外力干扰往往是鱼吃食咬钩所引起的，所以垂钓时浮漂的任何异常表现都可能是浮漂表达的鱼吃食咬钩信号。也就是说，浮漂只要出现异动，在某种意义上就是漂讯，表明可能是鱼在吃食咬钩。

漂讯的具体表现形式是多种多样的。不同种类的鱼，其漂讯有所不同。同一种类的鱼，因当时其摄食欲望的强弱，漂讯也有所差异。

在浮漂运动的不同阶段，漂讯的表现形式更是大不相同。但是，万变不离其宗，浮漂的异动是漂讯的核心。下面结合浮漂入水后的自身运动规律，以钓 2 目（垂钓时钓目调整为 2 目）为例介绍一下台钓的漂讯特点。

（1）“静—动阶段”漂讯

“静—动阶段”漂讯是浮漂入水下沉进入稳定后所出现的漂讯，是台钓的基础漂讯；也是初学者比较易把握的漂讯；是当钓点的鱼的密度不大、以钓底为主时常见的漂讯。“静—动阶段”漂讯特点是浮漂由静止状态突然发生向上或向下的运动。

有力下顿：有力下顿是“静—动阶段”台钓最典型的漂讯。浮漂稳定后，浮漂突然出现有力的下顿，应立即扬竿。因为台钓采取的是悬坠调漂法，浮漂的灵敏度高。鱼在吃食时，将钓饵吸入口中的瞬间就可带动浮漂做向下运动，从而浮漂表现为有力下顿。

注意，有力下顿是台钓漂讯的核心。但垂钓时有时浮漂会先徐徐上升 1 目左右，而后才是短促的有力下顿。应在发现浮漂缓慢上升时，做好扬竿准备，当浮漂短促有力下沉的瞬间立即扬竿。

送漂：台钓中也会出现“送漂”的漂讯，往往是鱼第二次咬钩甚至是第三次咬钩时所出现的信号。例如，当浮漂稳定在钓 2 目时，并不出现或没有察觉到正常的“下顿”信号，而是仅发现浮漂徐徐上升 1 ～ 2 目，直到上升停顿。这大部分是鱼咬钩的信号，不管其上升几目，只要确认上升已停顿就应立即扬竿。注意，抓送漂漂讯不宜在浮漂的上升途中扬竿，而要在上升出现停顿时才果断扬竿。

（2）“动—静阶段”漂讯

“动—静阶段”漂讯是指抛竿后浮漂尚未进入平衡状态、浮漂尚处在下沉过程中所出现的漂讯。把握“动—静阶段”的漂讯是台钓

观漂的高级技术。能够准确、及时地把握“动—静阶段”的漂讯，可在浮漂的下沉过程中（浮漂尚未下沉到位）就钓到鱼，从而大大提高垂钓效率。因此，把握“动—静阶段”的漂讯是竞技选手的必备基本功。浮漂尚未下沉到位，在“动—静阶段”就出现漂讯，往往是因为钓点的鱼密度大，摄食欲望强，鱼敢于离底吃食，从而在钓饵尚未下沉到位就出现了漂讯。在休闲垂钓或野钓中，如果想专钓抢食凶的中上层鱼，把握“动—静阶段”的漂讯是不可缺少的观漂技术。总之，“动—静阶段”的漂讯都是鱼离底吃食的结果。

要想准确、及时地把握“动—静阶段”的漂讯，必须十分熟悉自己所用的浮漂的基本运动规律。因为“动—静阶段”漂讯是建立在浮漂自身运动规律的基础上，以浮漂的运动不符合其自身规律为漂讯的。若不十分清楚自己所用浮漂的运动规律，是无法发现、把握“动—静阶段”漂讯的。下面结合浮漂入水后浮漂运动规律，以钓 2 目（垂钓时钓目调整为 2 目）为例介绍一下“动—静阶段”的漂讯特点。

浮漂超时不能翻身站立：抛竿后，浮漂横卧水面的时间是有一定规律的。如果超时，浮漂还不能翻身站立，不是钩坠、线被水草等异物搁住，就一定是有鱼咬钩。因此，浮漂超时不能翻身站立，就应立即扬竿。有时超时不能翻身站立，伴有浮漂不断地斜向上下抖动，这是更加典型的漂讯，必须及时扬竿。

出现“浮漂超时不能翻身站立”漂讯的原因可能有以下三种情况：一是钓点的小杂鱼多。小杂鱼多活动在中上水层，对钓饵没有戒备心理，见食就吃，抢食凶猛，从而导致浮漂不能下沉到位就出现了漂讯。这种情况在野钓或钓混养时常常出现。二是钓点的鱼的密度大，摄食欲望极强，所用钓饵的雾化效果好，在垂钓一段时间后，

鱼被诱到钓点的中上水层。三是钓点中，中上水层鱼的数量较多。例如，若抛竿后浮漂还未翻身站立时就快速地向深水方向移位，这是中上层鱼抢食的信号，而且很可能是较大的草鱼、鳊鱼咬钩，应立即扬竿。

停顿：抛竿后，浮漂翻身站立，浮漂出现异常的停顿，表明有鱼咬钩,托住了浮漂,应立即扬竿。“停顿”漂讯实际上有两种情况：一是“超时停顿”漂讯,这是浮漂处在“短暂停顿”阶段时出现的漂讯。假如你所用的浮漂在翻身站立后正常的“短暂停顿”应为3秒，可过了5秒浮漂仍不开始下沉,这表明浮漂以“停顿”方式发出了漂讯，应立即扬竿。二是该沉不沉的“停顿”漂讯,这是浮漂处在“缓慢下沉”阶段所出现的漂讯。如果钓目为2目，当浮漂下沉还不到2目时（如仅能下沉到3～5目）就出现停顿而不再下沉，表明有鱼咬钩，但咬钩后鱼未动，仅仅是托住了浮漂，故浮漂不能继续下沉。

加速下沉：加速下沉是浮漂处在缓慢下沉阶段所出现的漂讯。浮漂在缓慢下沉阶段本应是匀速缓慢下沉，如果发现浮漂的下沉速度突然加快，表明有鱼咬钩，应立即扬竿。这是鱼咬钩后向下逃离，从而引起浮漂下沉加速。“加速下沉”漂讯是鱼上浮离底吃食所致，抓这个阶段出现的漂讯，钓鱼人称之为截口。“加速下沉”漂讯最为真实，可称“截杀”，中鱼率最高。

（3）特殊漂讯

双飞漂讯：台钓的线组是双钩挂双饵，该组成提供了一竿上双鱼的可能。一竿上双鱼，俗称“双飞”，是两条鱼同时咬钩的结果。由于是两条鱼咬钩，漂讯的表现是多种多样的。比较典型的双飞漂讯是抛竿后，浮漂立直稳定钓2目，只见慢慢上升至3目，但在上升还未停顿时又有短促有力下沉的信号出现。这很可能是两条鱼分

别先后咬双饵，应在短促有力下沉时迅速扬竿，往往一竿上双鱼。

虚假漂讯的识别与处理：浮漂稳定露出水面 2 目，没有出现或发现有力下顿，浮漂就缓慢上升至调目的数目，此时应扬竿。因为按送漂漂讯的原则，浮漂上浮后出现停止时就应扬竿。如果浮漂缓慢上升至调目的数目后停止，往往是钓钩上的钓饵自行脱落，需扬竿换饵。

浮漂稳定露出水面 2 目，但突然下沉不见。大多数不是鱼咬钩信号，而是鱼的身体、尾巴擦到钓线所致。如果在风浪中垂钓，这种信号也有可能表示鱼吃食。处理办法是可稍等 1 ～ 2 秒钟，若不见浮漂冒出水面，立即扬竿。

浮漂立直，稳定在 2 目，而后不时缓缓升为 3 目或 3 目半后又缓慢沉到 2 目。这是鱼在钓饵周围吃食，鱼的吃食活动引起水流水压变化，导致浮漂有动作，但不是鱼儿咬钩，不可扬竿。但说明这时浮漂感觉好，很敏感。

浮漂稳定约 2 目，只见慢慢露 1 目或全部沉入水中，但不是短促下沉，而后又渐渐回升到 2 目。这是“假信号”，而不是咬钩的真实信号。常常是由于主线未压入水中，受风力影响牵压浮漂；或因水有缓流使浮漂不稳定。此时不要扬竿，应设法把主线压入水中等待稳定浮漂。

抛竿后，浮漂直立下沉，但一直沉不到 2 目，而在 4 目，也不见上浮或移位。 这可能是饵料太松软，已在下沉过程中化散掉；或钓饵在下沉过程被鱼咬掉（常见于有风浪环境）；也有可能因池底不平造成。处理的办法是轻轻后移一下浮漂，将漂压至露 2 目，如一会儿又回到 4 目，则应起竿装食，再抛竿。

浮漂在稳定钓 2 目时，不见上下浮动，而是不断左右慢慢摇摆，

或时而为漂尾小幅度抖动。这不是鱼儿咬钩的信号。前者是鱼在水体中下层游动、觅食引起水流、水压变化影响到悬坠移位带动浮漂出现的信号；后者则是上层的小鱼在戏线、戏漂，均不可扬竿。

抛竿后，浮漂下沉到 2 目，又缓缓升到 3 目或 4 目，这共有三种情况：一是双钩上的饵化掉一个，漂会露 3 目；二是双钩上的二粒饵团都已化散完，漂露 4 目；三是小鱼来吃饵，但只是顶在口上，吃不进嘴里。处理的办法是将竿子稍向身边移动 20 厘米左右，将浮漂压入水中。移位漂下压入水后又回到露 4 目，说明双钩已没有了钓饵，应扬竿重新上饵；如移动时发现浮漂有短促有力下沉的信号，说明鱼已咬钩，应迅速扬竿。

台钓的漂讯特点就介绍到这里。要想准确地把握漂讯，最重要的是多在垂钓的过程中用心去摸索、体会。切记，漂讯是浮漂出现了异动，要能察觉浮漂的异动，关键是要十分清楚浮漂自身的运动规律。

❖ 扬竿

扬竿是垂钓技术中的一个关键动作。扬竿的动作要领有二：一是正确把握扬竿的时机；二是具有良好的扬竿效果。扬竿时机的把握参阅“把握漂讯”章节，这里主要介绍扬竿的动作要领。掌握了扬竿的动作要领，才能具有良好的扬竿效果。

1. 正确扬竿

扬竿操作正确，方可将咬钩的鱼钓出水。什么是正确的扬竿呢？正确的扬竿，也就是说无论采用什么手法扬竿，都要做到空竿扬竿时，钩饵不露出水面。

保证“空竿扬竿钩饵不露出水面”是十分重要的。扬竿中鱼，一般不会钓线缠竿。但扬竿如果是空竿，扬竿动作不规范，用力过大，则极易钓线缠竿。如果钓点的水较深，不规范的扬竿一般不会有太大的问题。如果钓点的水较浅，扬竿不中鱼，扬竿的力只要稍大一点，钩、坠、漂、线就会重重地砸向钓竿，这样常常会引起一系列的麻烦。轻者，子线缠绕，不仅影响垂钓效果，还会缩短子线寿命，如果主线缠绕，就必须解线才能继续垂钓；重者可能损竿折漂，扬竿过猛，铅坠重重地砸向钓竿，可能会撞伤钓竿的漆面。若浮漂砸向钓竿，则可能造成浮漂的损坏（破坏浮漂的防水油漆、甚至碰断）。因此，初学者必须苦练扬竿刺鱼的基本功，保证做到“空竿扬竿钓饵不露出水面”，否则不仅可能解线的时间多于垂钓的时间，还可能会产生经济损失。

2. 扬竿要领

实际上，扬竿包含有两个步骤：一是扬竿刺鱼，即扬竿将钓钩刺进鱼体；二是扬竿提鱼，即扬竿将鱼提出水。高手的这两个步骤是一气呵成，但注意观察，可以发现是略有停顿的。

（1）扬竿刺鱼

所谓扬竿刺鱼，是指发现鱼咬钩的漂讯后，通过扬竿将钓钩刺进鱼体的过程。刺鱼的意义有三：一是将钓钩刺进鱼体，将咬钩的鱼钩住；二是“称鱼”，通过手上所感受到的力的大小，判断咬钩鱼的大小，以便确定下一步的操作；三是保护子线和垂钓成绩。在鱼群所在区域内如果扬竿过猛，会引起鱼的剧烈挣扎，鱼剧烈挣扎的瞬间爆发力极大。如果碰上大鱼，扬竿过猛，往往是一扬就切线，从而导致本来完全可以钓起的鱼也断线跑鱼。

扬竿刺鱼的关键是钓钩刺入有力，但不形成大的位移。刺鱼必须使钓钩有力、迅速扎进鱼体，像打针一样，迅速扎进产生的疼痛感不会太大，不会引起鱼的剧烈挣扎。刺鱼过程中钓钩不形成大的位移，就不会对鱼产生牵引作用。如果刺鱼过程中钓钩形成了大的位移，鱼的活动受到限制，就会引起鱼的恐慌，从而导致鱼的剧烈挣扎。另一方面，在刺鱼的瞬间，钓鱼人通过鱼挣扎的力度大小可感知鱼的大小，从而决定下一步是飞、是抄、还是溜鱼。

扬竿刺鱼的动作要领是大臂带动小臂的抖动，这样可保证钓钩刺入有力，又不形成大的位移。扬竿刺鱼的手法是多种多样的，如大臂带动小臂的抖动、纯抖手腕等。无论采用什么手法扬竿，只要能做到“空竿扬竿钓饵不出水面”即可。

（2）扬竿提鱼

所谓扬竿提鱼，就是将鱼提出水的过程。扬竿提鱼的技术要领有二：一是根据所中鱼的大小采取相应的措施和扬竿的力度；二是要尽可能平和、迅速地将鱼移出钓点，以免“惊窝”。

扬竿提鱼必须根据“称鱼”的结果来采取相应的措施和扬竿的力度。如果中的是小鱼，可顺势扬竿直接“飞”过来。如果中的是中等大小的鱼，竿、线虽然可承受其重量，但它们过度挣扎，可能损坏子线。对于中了中鱼，扬竿提鱼要将鱼迅速移出钓点，在水中拖动，直到岸边后再用抄网抄起。如果中的是大鱼，钓线虽能勉强承受其力，但它们过度挣扎时的瞬间爆发力可能会超出钓线的承受力，应采取温柔的溜鱼策略，否则绝对会断线逃鱼，甚至会断竿。

正确扬竿是垂钓十分重要的基本功之一。扬竿的手法是多样的，正确扬竿必须做到空竿扬竿时，钓钩不露出水面。要做到这一点，就必须将扬竿分解为扬竿刺鱼和扬竿提鱼两个过程。

❖ 摘鱼

摘鱼是垂钓的最后一个环节，虽然比较容易掌握，但是十分重要。因为钓起的鱼不进入鱼护，还不能说真正到了手，不重视摘鱼过程，煮熟的鸭子还真会飞了。

根据不同的情况，摘鱼通常需要用到脱钩器、抄网和摘鱼器等工具。

1. 脱钩器

脱钩器是台钓的专用摘鱼工具，与鱼护配合使用，可快速摘鱼入护，尤其是摘小鱼。所谓脱钩器，其实也就是在鱼护口上安装了一根细钢丝，鱼出水后，提着子线顺势将鱼在脱钩器上轻轻一磕，鱼就能脱钩落入鱼护中。或者将脱钩器的钢丝横在钓钩中，带动子

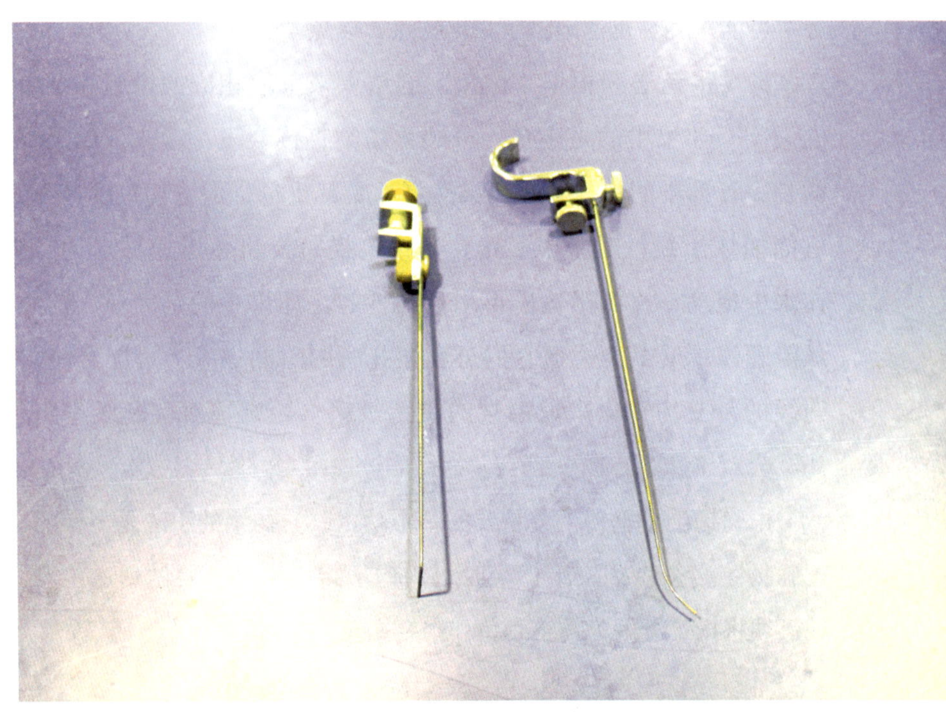

线向下翻压，利用鱼体的重力将钓钩从鱼体中退出。脱钩器的使用是以使用无倒刺钓钩为基础的，对于提高摘鱼的速度相当有效。

对于初学者，脱钩器最好只用于摘小鱼。因为脱钩器使用不熟练，在摘鱼时，由于鱼的拼命挣扎，极易使子线受力过大，会使子线产生不可逆转的延伸，损伤子线。

脱钩器的使用还要注意以下几点。一是要注意鱼护的架设位置。脱钩器是安装在鱼护上的，鱼护是安装在钓箱上的。在架设时，鱼护要尽可能靠近钓箱，离人近一些，以便于操作。鱼护的口宜略向内上翻一点，这样钓到鱼时才容易将鱼装入其中。二是提上时注意不要抓死主线，而要抓在铅坠处。铅皮座在主线上是活动的，从而在鱼挣扎时可借助钓竿的弹力来应对，可避免主线、子线的损伤。三是注意无鱼的钓钩不要让它挂住鱼护，以免引起不必要的麻烦。

2. 抄网的使用

一般来说，不宜“飞”的中鱼或大鱼都需要使用抄网，界于宜飞不宜飞的鱼，初学者最好还是用抄网，否则极易损伤子线。

抄网的使用方法：右手握竿将鱼溜拖到岸边，左手握抄网将鱼抄上来后，右手将钓竿放到竿架上。右手握住抄网头，然后左手从抄网的下方抓住鱼体（连同抄网的网布一起抓鱼），使其头部向上。右手松开抄网头，先取下空钩拿在手中，再将鱼口中的钓钩摘下，随即用左手连鱼带网翻扣在鱼护口上，使鱼落入护中。

抄网的使用要领有三：一是抄鱼时抄网的网头要没入水中，以免激起鱼的再次垂死挣扎；二是抓鱼时要连同抄网的网布一起抓，因为鱼被柔软物包裹时一般不会拼命挣扎，这样既方便操作，也不会因手忙脚乱而逃鱼；三是请鱼入护时要连鱼带网翻扣在鱼护口上，不能将鱼从抄网取出后再放入鱼护中，这样既可减少操作环节，也避免了操作不当的逃鱼。

3. 摘鱼器的使用

摘鱼器是一个像小起子样的摘鱼工具，是解决吞钩较深的专用工具。如果鱼吃食积极，扬竿时机把握不当（略偏晚），就可能出现吞钩较深的情况，这时就需要用摘鱼器来摘鱼，否则很难将钩取出。

摘鱼器的使用方法：将摘鱼器插在钩柄与鱼体间，拨动摘鱼器，带动钩柄就可将钓钩从鱼体中退出。

❖ 溜鱼

1. 为什么要溜鱼

所中鱼的大小不同，采用的起鱼方式不同。中了小鱼一般都是“飞”，中了中鱼（150 ～ 600 克）往往是“拖鱼”，而中了大鱼必须溜鱼。中了中鱼宜用抄网，150 ～ 600 克的中鱼只要操作正确，不用力过猛，一般不会有断线、断竿、撕破鱼嘴的危险，在起鱼的溜鱼过程中是以主动控鱼为主，是将鱼“硬拖”到岸边，因此中了中鱼的溜鱼还不能算是真正的溜鱼，只能说是“拖鱼”。中了大鱼，如果不溜鱼，极易造成断线断竿，或者撕破鱼嘴逃鱼。因为大鱼的个大体重，在水中的阻力也大，挣扎时的瞬间爆发力更大，所以中了大鱼，起鱼时就必须要考虑竿线钩的承受能力和鱼体中钩部位的承受能力。所谓溜鱼，就是避免与大鱼的正面较量，发挥钓竿弹力的作用，利用竿线钩及中鱼部位的有限承受能力，将鱼的体力暂时耗尽，最后用抄网将大鱼抄出水的过程。

2. 溜鱼时竿线的受力分析

（1）钓线与鱼体纵轴的夹角

要想掌握溜鱼的技巧，首先要了解溜鱼时竿线的受力情况。力学分析和垂钓实践表明，当钓线的方向几乎与鱼的身体纵轴方向重合，即钓线与鱼体纵轴的夹角基本为零时，鱼的挣扎力在钓线上的表现最大，这时最容易出现断线。这种状态称之为“拔河”。因此，溜鱼时要尽一切可能来增加钓线与鱼体纵轴方向的夹角，避免“拔河”的出现。通过调整钓竿的位置、方向，使钓线的方向保持垂直于鱼的逃窜方向。

力学分析和经验证明，溜鱼时钓线与鱼体纵轴的最佳夹角是 90

度。保持钓线与鱼体纵轴夹角为 90 度，对于正在冲刺的大鱼的干扰作用最大。这样，鱼既不能够如愿地发力挣脱，又得花上些体力来挣扎，这种不温不火的状态对溜鱼来说十分重要，可迫使其偏离逃窜的路线，增加其游动的阻力，消耗其体能，有效打乱大鱼的逃窜计划，让它在不知不觉中改变了冲击方向，是消耗鱼体力的有效方法。

（2）钓线与水平面的夹角力

力学分析表明，当拉力不变时，钓线与水平面的夹角越大，水平方向的分力越小，垂直向上的分力越大；水平方向的分力越大，垂直向上的分力越小。假定水深为 1 米，岸高为 0.4 米，竿长 3.6 米，如果是坐着扬竿，钓线与水平面的夹角大约是 45 度，就是说鱼受到一个 45 度斜上方的拉力。如果我们对鱼的拉力是 1 千克的话，那么鱼实际上受到了两个力的作用，一个是垂直向上，另一个是水平向岸（假设这时鱼是向正前方跑），这两个力都是0.7千克。就是说，我们虽然对鱼施加了1千克的拉力,但是往回拉的力量只有0.7千克。如果我们站得更高，水更深些，钓线与水平面的夹角就可达60度，这时我们对鱼的拉力还是1千克，而这时鱼受到往回的水平方向的拉力（分力）就只有0.5千克，向上的分力却有0.86千克。这个时候，鱼感觉你并不是要把它拉回来，而是要把它拉出水面。也就是说，钓线与水平面夹角的大小决定了拉力的方向和大小。钓线与水平面夹角的大小是由竿尖距水面的高度决定的。一般来说,竿尖越高，将鱼向上拉的力越大；竿尖越低，将鱼向侧面拉的力越大。鱼受惊后的本能反应是潜水向下逃窜，竿尖过高，向上的拉力大，鱼感觉是要把它拉出水面,从而惊吓程度加大,易激起鱼的疯狂挣扎。因此，溜鱼时要注意控制竿尖的高度,避免过度惊吓鱼,并增强对鱼的控制。

3. 溜鱼的基本操作——“8”字溜鱼法

所谓“8”字溜鱼法，就是在大鱼逃跑的方向上施加一个不同方向的力，迫使大鱼改变逃跑的方向，避免在溜鱼过程中“拔河”状态的出现，从而达到以小搏大、擒获大鱼的目的。也就是说，在预见到“拔河”来临之前，（假定鱼是朝正前方逃窜）将钓竿轻轻向右（或者向左）一摆（钓鱼人的行话叫“倒竿”）；迫使鱼改变“跑”的方向，然后牵引着鱼向右“跑”；直到快接近“拔河”时，再轻轻向左一摆；再次改变鱼的逃跑方向，迫使鱼又向左“跑”。这样不断地左右重复，牵引着大鱼在水中兜横“8”字的圈子，一直“跑”到它实在“跑”不动时,被我们用抄网抄它上来为止。这就是溜大鱼的“8”字溜鱼法。8字溜鱼法的口诀是:“左一圈、右一圈;一圈一圈又一圈。”

4. 溜鱼技巧

溜鱼必须避免与鱼的正面较量。要利用钓竿的弹力，掌握好钓

线的牵引角度，把握适度的用力，合理利用并随时保持钓组处于最佳的受力状态，做到鱼动人动，以巧力制蛮力，溜鱼才能成功。

（1）适时调整竿线的角度与位置

适时调整竿线的角度与位置十分重要。溜鱼是以小搏大，如果不能适时调整竿线的角度与位置，就会使竿、线承受过大的力，从而造成断线甚至断竿的不良后果。

从溜鱼时竿线的受力分析可知，竿线角度与位置的调整包括两个方面，一是钓线与鱼体纵轴的夹角，二是钓线与水平面的夹角。溜鱼时有两忌：一是忌“拔河”。一旦出现“拔河”，极易造成断线、甚至断竿。二是忌竿尖过高。竿尖抬得过高，钓线与水平面的夹角就会过大，钓线上的分力小，对鱼的控制力弱；同时，竿尖抬得过高对于钓竿的整体受力不利，易造成不必要的断竿。“8”字溜鱼法中的“倒竿”就是调整竿线角度和位置的有效方法。中了大鱼，扬竿就应择机倒竿，即称鱼时感觉是条大鱼就不要再继续向上扬竿，而是应向侧面倒竿，横领溜鱼。

（2）不要过分刺激鱼

溜鱼应该是“温水煮青蛙”。所谓“温水煮青蛙”，是指把青蛙放在慢慢加热的水里时，青蛙不会感到危险的存在，不至于奋力跳出；当水温升高时，青蛙发现危险，它已受到伤害，体力难支，无力挣扎跳出了。溜鱼也是如此，鱼中钩后并没有意识到危险，只是感觉吃了什么不舒服的东西，只会做一般性的挣扎。因此，溜鱼的关键之一就是不要过分刺激鱼，尽可能不要让鱼意识到巨大的危险，鱼不拼命发力，竿、线所承受的力就小，出现断线、断竿的可能性就小，将大鱼捕获的可能性就大。要避免过分刺激鱼，需要注意以下几点：

扬竿的动作要规范：台钓标准的扬竿动作分为称鱼和扬竿两个

过程，其中的称鱼过程是十分重要的。不直接一扬到底，先有一个称鱼过程，可根据上鱼的大小采取不同的对策。新手易激动，一见漂讯就忘记了扬竿的动作规范，往往一扬到底，结果是碰到大鱼一扬竿就切线。按照动作规范扬竿是台钓的基本功，是钓大鱼的必备条件。

用力要适度：溜大鱼是一个循序渐进的过程，不可性急，用力要适度，绝不可用力过猛。要尽量减少对鱼的刺激，让鱼在不断偏离逃窜路线的游动中不知不觉地消耗体力。因此，溜鱼要刚中带柔，溜中有控，控溜兼顾，以变应变。

适时把握倒竿时机：溜鱼时把握好倒竿的时机，选择正确的倒竿方向也十分重要，把握倒竿时机要坚持“以静制静”的原则。这是因为鱼不动，而你去牵引鱼，无疑将刺激、激怒鱼。大鱼吞钩后通常会有几秒或十几秒静止状态，这就是钓鱼人通常所说的溜鱼前的“控鱼过程”。这个过程虽然十分短暂，但十分重要。在这个过程里，我们除了适当绷紧钓线之外，唯一该做的就是静观其动，只要鱼不动弹，就不要急于倒竿。新手往往“控”“溜”不分，过早地进入“溜鱼”程序，以致在鱼的体力丝毫未消耗的情况下，就将大鱼逼上垂死挣扎之路，从而大大增加了断线、断竿的可能性。

深水溜鱼与提头出水：快速耗尽鱼体力的另一个有效方法是在深水中溜鱼。鱼的下沉力来源于两个组成部分：一是调节体内“鱼泡”的含气量（体积），减小排水量造成“潜艇式”下沉力；二是鳍条拼命地划水运动。如果让鱼往深水中扎，扎得越深，鱼的体力支出就越大。在深水中溜鱼，尤其是不断变化水层，就容易将鱼溜疲。

将鱼头提出水面，是溜鱼后期制服大鱼的撒手锏。溜鱼的后期提鱼头出水：一是为了巩固溜鱼的成果；二是让鱼持续缺氧，体力

得不到恢复；三是让鱼体内的鳔连续充气，使它难以下沉；四是让鱼的推进器失效。

提头出水的使用一定要得当，在溜鱼不充分的情况下，强行提鱼头出水是很危险的，大鱼向两边连续一摆头就能拽断钓线。在认为可以提鱼头出水时，先要试探性提竿，见鱼的反抗确实不凶，再把鱼头提起。提鱼头出水的最大限度是胸鳍露出水面，不过这也是对三四斤重的鱼而言的，真是钓到“大家伙”，以提鱼嘴出水面为极限，否则会弄巧成拙。

不要急于抄鱼：经验不足的新手，往往在接近溜鱼尾声时（尚未彻底溜翻），就将抄网插入水下，一手举竿慢慢将鱼大半截身体牵到抄网口上方，意欲迅速起网将鱼兜住，提拉上岸。这种提前抄鱼的做法，很难保证不出意外和差错。溜鱼，一定要将鱼彻底溜翻之后才可以抄之入网。因为鱼到岸边，看见人时，往往会有拼死外窜的最后一冲，这最后的一冲往往会造成即将到手的鱼又跑掉。因此，溜鱼千万不可急于用抄网抄鱼，要有相当的耐心，一直要溜到鱼肚翻白时，方可抄鱼上岸。所谓宁可把鱼溜死，也不提前动抄网。

台钓实战

台钓源于竞技钓，将台钓运用到休闲野钓，是台钓运用范围的拓展。由于在竞技池中垂钓与休闲野钓的鱼情不同，技术难度的性质有着明显的区别。本节除了介绍台钓在实战中的一些基本的应对原则外，还着重介绍影响垂钓成绩的因素、竞技与休闲野钓的区别。

❖ 影响垂钓成绩的因素

影响垂钓成绩的因素很多，主要分为自然因素和技术因素。自然因素与垂钓的难度相关，在某种意义上决定了上鱼的总量。技术因素与上鱼的速率相关，在垂钓难度确定的情况下决定了上鱼的数量。也就是说，同样是上了5千克鱼，不同的垂钓难度，所体现的垂钓技术水平是不同的。

1. 自然因素

天气、季节、鱼情等不可控制的自然因素与垂钓的难度密切相关。天气、季节不同，会引起鱼类生存环境状况的变化，其核心是水中的溶氧状况和水温的高低。鱼类生存环境不佳，如溶氧较低、水温过低或过高，鱼类的摄食欲望降低，甚至停食，从而引起垂钓难度的增大。

鱼类生存环境不佳引起垂钓难度的增加表现在两个方面。一是鱼类寻食的主动性降低，只吃鱼身边的饵，而不会根据鱼饵的“味”去追寻摄食，这时必须追着鱼群钓，钓点离鱼群稍远就难以钓到鱼，从而对钓位的选择要求增高。二是由于鱼类的摄食欲望低，吃口较轻，漂讯不典型，俗称“轻口鱼”，要求浮漂必须灵敏，浮漂要能反映鱼轻微的吃食动作。漂讯的动作小，钓鱼人必须准确有效地把握那些细微的非典型漂讯才能钓到鱼。

鱼生活在水中，需要呼吸水中溶解的氧气来维持其新陈代谢，水中溶氧较低，鱼类的摄食欲望降低，会停食甚至会因窒息而死亡。如果鱼类摄食欲望低，甚至已停食，垂钓的难度增大。某些天气状况会引起水中溶氧的减少，如气压较低、雷雨前等。在出钓时机的选择上应尽可能回避。

鱼类是变温动物，其新陈代谢的强度随着环境温度（水温）的变化而变化。在一定范围内，水温越高，新陈代谢的强度越大，摄食欲望越强。但水温过高，超出鱼类的适宜范围，新陈代谢的强度反而下降，摄食欲望减弱。因此，冬季钓鱼比较困难，夏季垂钓宜选在阴凉、水深处进行。

钓点鱼情对垂钓难度的影响包括鱼的密度、吃食特点两方面。鱼的密度大，对钓位的选择要求低，这是因为鱼群在水中的间距相对较小。虽然池中的鱼不会是均匀分布，但鱼池的任何一点或多或少都会有鱼的分布。在高密度的小水体中，利用鱼饵的“味”至少可将钓点附近零星分布的鱼诱到钓点中来，而这些鱼的摄食活动又可将相距不远的鱼群吸引到钓点附近，所以在高密度的小水体中只要用饵对路，适当控制初期的上鱼频率，一般可以取得不错的垂钓成绩。当然，如果选择了正确的钓位，直接在鱼群附近开钓，垂钓的难度还会进一步降低。

根据鱼的吃食特点，可将垂钓对象分为生口或滑口、轻口、偏口等类型。垂钓对象吃食特点不同，垂钓难度有极大的差异。

钓鱼人所说的生口鱼是指没有经历过反复钓放、对钓钩上的鱼饵没有恐惧心理、警惕性不高的鱼。生口鱼吃食凶猛，漂讯典型，垂钓难度一般较低，因而好钓。滑口鱼是经历过反复钓放的鱼，对钓钩上的饵有恐惧心理、警惕性较高。滑口鱼吃食一般比较谨慎，大口吞食前常有较多试探性动作，而且快吃快吐，以致浮漂的虚假信号多，扬竿时机稍纵即逝，因而垂钓的难度较大。轻口鱼一般是指由于环境因素的影响，鱼的摄食欲望不强而引起的吃食较轻，漂讯微弱。钓轻口鱼要求浮漂有超高的灵敏度，否则无法察觉鱼吃食时那微弱的漂讯。

生口、滑口或轻口的垂钓难度主要表现在漂讯的把握上，而偏口鱼的垂钓难度表现在用饵上。所谓偏口，是指某一垂钓水域中的鱼因习惯于吃某种食物，对其他食物不感兴趣，以致鱼不会追寻钓饵的“味”去觅食，甚至根本不吃其他食物。鱼不追寻钓饵的“味”觅食，增加了钓位选择的难度，如果严重偏口，即使钓位正确，即使在鱼群附近施钓，不用鱼习惯吃食的饵料施钓，鱼照样不吃，从而使垂钓更加困难。偏口往往出现在一些特殊的环境中，例如，某些精养鱼池长期投喂带蒜味的饲料，而且投喂充足，就有可能形成偏口。如果钓饵中不带蒜味，就难以取得好的效果。这也就是高手在垂钓前常常要做调查，在钓饵中加入原塘饵的原因。

2．技术因素

影响垂钓成绩的技术因素包括选择技术和操作技术两个方面。

（1）选择技术（思维）

选择技术包括钓位的选择、钓饵的选用、钓组（竿、漂、线、钩）的搭配三个方面。选择技术反映了钓友的垂钓功底，只有正确选择了钓位，用饵对路，竿、漂、线、钩搭配合理，才能取得好的垂钓成绩。要做到这一点，需要有长期垂钓实践的经验积累和对鱼情的正确分析、判断。

（2）操作技术

操作技术包括上饵、抛竿（速度与精度）、观漂、扬竿刺鱼、飞鱼、溜鱼、摘鱼等垂钓过程的每一步骤。操作技术的每一步骤都十分重要，反映了钓友可能达到的上鱼速率。如果上饵过慢，抛竿频率就低，即使你的空竿率低，但总的抛竿数不大，上鱼量是有限的。如果起鱼技术不到家，一上鱼就惊窝，又得花时间聚鱼，垂钓成绩也不可能好。

❖ 休闲钓、野钓的特点

台钓源于竞技比赛，伴随着竞技比赛的成长，有钓友认为悬坠的台钓应改称竞技钓。台钓高手多数都是竞技选手，高手们津津乐道的多是比赛的经验与体会。普通垂钓爱好者往往是将台钓运用于休闲钓、野钓之中。台钓竞技赛的鱼情与休闲钓、野钓有着天壤之别。鱼情不同，相应的应对策略、装备的配备均不相同。不充分认识这一点，就很难在休闲钓、野钓中玩好台钓。下面从台钓竞技赛与休闲钓、野钓的鱼情区别分析，谈谈相应的策略。

1．密度

竞技池中的鱼是绝对的高密度，其密度比精养鱼池还要高许多。

有人戏称台钓的竞技比赛是“鸡笼里抓鸡”也并非全无道理。竞技池中鱼的密度高，谁都能钓到鱼，但台钓竞技赛比的是谁能钓更多的鱼，而不是钓到鱼。

由于台钓竞技比赛比的是速度，器材的配备、选用都是围绕着“快”字进行的。例如，为了起鱼快，选手们大都选用控鱼效果好的“硬竿”，甚至用极硬调的战斗竿。为了抢第一口，尽早发现漂讯，多采用漂尾细长的硬尾漂，以利于钓行程、抓截口，提高垂钓效率，以致漂尾的设计变得越来越长。

在休闲钓、野钓中，鱼的密度远远不及竞技池，竞技选手们的“秘密武器”在休闲钓、野钓中常常不能发挥多大的作用。例如，由于鱼的密度小，或钓位选择不当，浮漂入水到位后不会马上有鱼咬钩，必须等待一会儿。也就是说，在休闲钓、野钓中可能有时根本就没有行程可钓，长硬尾钓行程的优势难以发挥。软尾漂的漂讯稳定易把握、中鱼率高、漂尾醒目易观漂，可能更适合休闲钓、野钓。

休闲钓、野钓的上鱼率不高，因而宜求稳，要求能把握住每一次难得的上鱼机会。“硬竿”的控鱼性能好，但上鱼的成功率反不及“软竿”。同时“硬竿”往往较重，舒适性和可操控性也不及“软竿”。休闲钓、野钓的魅力重在过程，而非速度。“软竿”的控鱼性能虽差，上鱼后往往需要溜鱼才能搞定，但多溜一会儿鱼不就多享受了一些上鱼的快乐吗？因此，在休闲钓、野钓中，不宜像台钓竞技赛那样过于追求竿子的硬度，钓竿的硬度适中、弹性好、有足够的强度可能更佳，老的行话“软竿子好玩”也是有道理的。

2. 钓位

在台钓竞技比赛中，钓位是通过抽签来决定的，是随机、被

动的，而且不能改变。如果比赛中抽到了“大边”，的确有助于提高垂钓成绩；由于鱼的密度大，即使不是“大边”，只要用饵对路就能将鱼诱到钓点，也是能取得好成绩的。在休闲钓、野钓中，往往是水体大、鱼的密度小，鱼在水中的分布不均匀，钓位就常常成为影响垂钓成绩的首要因素。如果你不在鱼群的摄食活动范围内垂钓，又怎么会有鱼咬钩呢？因此，在休闲钓、野钓中一定要注意钓位的选择。

3. 打窝

台钓竞技比赛的规则往往不允许专门打窝，而且高密度的鱼群一般用不着专门打窝，往往抛到 5 ～ 10 竿就会开竿上鱼。休闲钓、野钓则不同，鱼的密度小，不打窝，鱼就聚不到钓点，也就不可能有好的垂钓成绩。因此，简单地说，台钓不专门打窝是不全面的，台钓运用于休闲钓、野钓，当鱼的密度不大时就应打窝，至少要连抛数团较大的饵，否则难以保证垂钓效果。

4. 吃口

台钓竞技比赛往往打的是滑口鱼，休闲钓、野钓则多为生口鱼。从这一点来讲，休闲钓、野钓要比竞技比赛在难度上要简单得多，因为只要鱼开口正常，生口鱼吃食凶猛，漂讯典型。在一般情况下，休闲钓、野钓中对漂的性能、调漂水平、漂讯把握等的要求均可降低。但是，在休闲钓、野钓中碰到轻口鱼是常有的，例如出钓时碰上气压低，鱼吃食不正常，就可能遇上轻口鱼。要能钓起轻口鱼，浮漂灵敏度就不能太低，或者要换用孔雀羽的软尾漂。

5. 鱼情

在台钓竞技比赛中，选手对池中的鱼情是大致有数的。一场比赛是钓小片子鲫、大鲫，还是钓混养是明确的，选手有条件做针对性地配置线组，因而台钓的线组常常较小。例如，高手钓小片子鲫往往用主线 0.4 + 0.2 子线的细线组。休闲钓、野钓的垂钓对象是不确定的，在某种意义上钓的是混养，并有着较大的随机性。上鱼情况与钓位的选择水平、用饵是否对路密切相关。休闲钓、野钓的垂钓水域中往往有大鱼，能否钓起则要看水平和运气了。为了兼顾上大鱼，线组往往用得要偏大一点。有钓友对小鱼不感兴趣，总幻想着钓大鱼，线组也就用得更大一点。

❖ 钓位的选择

所谓钓位，即垂钓时下钩钓鱼的位置，钓位的选择是垂钓过程中极为重要的一环，常常是钓鱼成败的关键。钓场新手，钓技尚不熟练，但选到好的钓位，照样可满意而归。相反，即使垂钓技艺高超，诱饵、钓饵也好，没有选对钓位，也可能一无所获。“三分钓技，七分钓位”，钓谚也充分说明了钓位的重要性。鱼在水中的分布并不是均匀的，在同一水体中，有的地方鱼多，有的地方则鱼少。在鱼多的地方自然好钓鱼，鱼少的地方当然难钓鱼。

1. 如何选择钓位

在实际选择钓位时，涉及的面广，而且相互制约。实际影响钓位的关键要素主要有二，一是摄食环境（舒适性和安全感），二是饵料分布。从理论上讲，钓位应选择在鱼（垂钓对象）认为环境舒适安全、饵料丰富的地方。也就是说，凡是对鱼类摄食环境、饵料分布能产生影响的因素，在选择钓位时都必须考虑。因此，钓位的选择实际上是对季节、天气、一天内不同的时段、水体类型、水体形态特点、水质状况等因素对饵料来源、摄食环境造成的影响的综合分析结果。

正确选择钓位，需要长期垂钓的经验做基础。初学者可借助钓谚来选择钓位。钓谚是长期钓鱼实践的经验总结，具有很强的操作性。下面列举一些与钓位选择相关的常见钓谚，以供参考：

春钓滩，夏钓潭。

春钓桃花水，夏钓大深潭，秋钓阴凉处，冬钓背风向阳钻冰眼。

一日三迁，早晚钓边。

上午钓西，下午钓东。

早钓近，午钓远。

夕阳西下，钓鱼最佳。

雨天鱼靠边，且莫甩长线。

宁钓下风，不钓平静。

涨水钓河口，落水钓深潭。

选铧尖，钓半岛，陡坡下面钓鱼好。

桥墩旁，是渔场。

方钓角，长钓腰，不方不正把洄游找。

水库钓沟汊，浮钓要靠坝。

钓鱼不钓草，等于瞎胡跑。

需要注意的是，钓谚过于简洁，仅说明了应如何做，却未说明为什么要这样做。因此，要想提高选择钓位的水平，就要细细品味钓谚，理解其中与摄食环境、饵料分布的关系。在运用钓谚进行钓位选择时，要注意遵循季节、天气、一天内不同的时间段、水体类型、水体形态特点、水质状况的顺序，数条并用，才能选择正确的钓位。因为钓位选择是综合分析的结果，一条钓谚往往只是针对某一因素，而不是全面的综合分析。只记一条钓谚实际上是断章取义，不可能进行正确的钓位选择。例如，“上午钓西，下午钓东”指的是要在阳面垂钓，其核心是要求在水温高的地方垂钓，在一般情况下是绝对正确的。但是，如果将其用在炎热的夏季就不一定对。因为“夏钓潭”，夏天要钓深水，这是因为炎热夏季浅水的水温过高，超过了鱼的适宜范围。因此，夏天可在阴凉处钓，即在水温适宜鱼类活动的地方钓。

2. 小型水体的典型好钓位

小型水体的典型好钓位主要有老钓点、饵料台附近、进水口附近等，还需考虑水体的形态。

（1）老钓点

老钓点通常是好钓位。所谓老钓点，就是某一水体的某一处经常有人垂钓，是某一水体中比较固定的钓点。老钓点通常是高手们精挑细选出的钓点，是高手们综合分析的结果，是垂钓实践总结的结果，也是“长期培育的钓点”。由于不断有人在同一点位垂钓，在某种意义上讲就是不断地在同一点投喂，久而久之，鱼已习惯到此处觅食，从而形成了好的钓点。

（2）饵料丰富处——饵料台附近

水体中的某处若常有固定的外源性饵料进入，则其附近常常就是一个好的钓位。精养鱼塘的饵料台是用来投喂饵料的，由于长时间的定点投喂，池中的鱼已习惯到饵料台附近摄食，其附近常常聚集有大量的鱼，因而饵料台附近常常是精养鱼塘的好钓位。

（3）溶氧充足处——进水口

水体的进水口附近也是好钓位。这是因为进水口的不断进水，可改善水中的溶氧状况，进水口附近的溶氧往往要高于水体的其他地方。如果垂钓时水体中的溶氧状况不佳，进水口附近的优势可能会更加明显。此外，鱼有抢上水的习性，水的流动可吸引鱼到进水口附近。

（4）“方钓角、长钓腰”

鱼群在不同形状水体中的活动规律是有所不同的，在选择钓位时要注意考虑水体的形态。对于中小型的精养水体，有“方钓角，长钓腰”的钓谚，若垂钓的水体呈正方形，可在方角处垂钓；若呈长方形，宜在鱼池长边的中部垂钓。

3. 大中型水体的好钓位

大中型水体的钓位选择通常是比较困难的。这是因为大中型水体中的鱼密度较低，水体中的饵料又常常有季节性的分布变化，鱼群往往随着饵料分布的变化而不断迁移。因此，大中型水体的钓位选择最重要的因素是了解鱼群随饵料分布的迁移规律，要了解此规律往往非常困难，需要多年的经验积累。

常常可听到老钓友们说某某湖汊发窝了，马上到该湖汊去钓，果然满载而归。这是因为鱼群迁移到了这个湖汊，这个湖汊的鱼密度高了，垂钓的难度降低所致。如果过了较长时间后再去该湖汊垂钓，垂钓效果并不好。这是因为鱼群已离开了该湖汊，该湖汊鱼的密度已不再高了。也就是说，大中型水体的好钓位并不固定，而是随着鱼群的迁移不断变化的。因此，在大中型水体中垂钓的核心是要追着鱼群钓，要先确定鱼群所在的大区域（湖汊、库湾等），然后在鱼群所在区域内选择符合鱼类摄食规律的具体钓位。

❖ 临场应变

不同钓场的鱼情不同，需要采取不同的应对措施。同一钓场在不同的季节、同一天的不同时间段，鱼情也会存在差异。台钓是以庞大的系统装备来应对各种不同的鱼情，因此临场应变是台钓的技术核心。根据鱼情状况选用合理的钓具是临场应变的基本原则。

1．钓竿应变

竞技型选手参加垂钓比赛一般备有多根钓竿，资深的台钓发烧友也配有多根钓竿，因此钓竿的选用是临场应变的第一步。对于普通垂钓爱好者来讲，钓竿选用的原则是在抛竿落点能达到鱼群的摄食活动范围、以钓竿的强度能承受预期的上鱼对象的前提下，尽可能选用操控性好的钓竿。台钓的抛竿、扬竿频率高，消耗的体力多，如果钓竿过重，则很难保证长时间的高频率抛竿。台钓要求有精确的抛竿落点，如果钓竿的操控性不好，则难以保证精确的抛竿落点，不易取得良好的垂钓成绩。

钓竿的选用包括竿长和调性两方面选择。竿长的选择原则是能短就不宜长。因此，只要短竿能达到鱼群的摄食活动范围，就不必用长竿。一般来说，小型水体如台钓俱乐部的比赛池、练竿池、商业钓场等，宜用 3.6 米的短竿，而在大型水体如湖泊、水库等野钓则宜用长竿。此外，冬季到精养池类水体中垂钓也宜用长竿，因为此时鱼的摄食欲望较低，已不大溜边觅食，多在水体中部的深水处，如果竿长不够，很难钓到鱼。

调性的选择主要是根据预期的上鱼对象进行选择，并根据实际的上鱼情况进行调整。如果垂钓水体上超大鱼的概率几乎为零，上鱼率高的多为 100 克左右，甚至 100 克以下的小鱼，偶尔上条大点的也就 500 ～ 1250 克，一般选用轻巧的鲫鱼竿即可。

再如，去精养池垂钓，池中鲫鱼、鳊鱼、鲤鱼、草鱼等都有，属于典型的钓混养，其中的草鱼往往在 1500 克以上，甚至可达 2500 ～ 4000 克，这时钓竿的强度显得尤为重要，宜选用钓竿强度高的综合竿、鲤竿。如果放弃超大的草鱼，专钓大鲫和鳊鱼，也可选用结实些的鲫鱼竿。

2．浮漂应变

浮漂的应变主要是根据垂钓时的天气状况、钓点的水深、钓场的鱼情来正确选用相应的浮漂类型，或通过调漂来调整设置浮漂的灵敏度。

（1）天气

天气对浮漂的选择主要有两个方面。一是风浪，如果垂钓时风浪较大，宜选用碳脚长漂尾的浮漂，以增强浮漂在水中的稳定性。此外，风较大时应选用号数较大的浮漂，既增强浮漂在水中的稳定性，也增加了铅坠的配重，便于抛竿。如果使用小号的浮漂，铅坠的配重过小，在风较大时抛竿将十分困难。二是如果天气闷热，易造成水中的溶氧不足。如果水中的溶氧不足，鱼吃食就不正常，即钓鱼人常说的“轻口鱼”。这时要想钓到鱼，就要能察觉鱼吃食时那轻微的漂讯，此时浮漂需要有极高的灵敏度，保证能反映那微弱的漂讯。选用你所拥有的灵敏度最高的那支漂，浮漂的调整也要以调灵为主，甚至可调至最灵——平水。

（2）水深

水深对浮漂的影响主要在于浮漂的号数，而不是浮漂的类型。一般来说，钓点的水越深，所用浮漂的号数就越大。选用大号数的浮漂，是为了加快浮漂的下沉速度，使浮漂迅速下沉到位，提高垂钓效率，也可避免因饵坠的下沉时间过长导致钩上的鱼饵散失过多。

（3）鱼情

钓点的鱼情对浮漂的选用有较大的影响。包括垂钓对象的类型（生口鱼、滑口鱼）、垂钓对象的种类以及根据垂钓对象吃食状况所采取的钓法（钓底、离底截杀或钓浮）。

一般来说，如果垂钓对象是生口鱼，吃食又较正常，鱼的密度不大，对浮漂的要求则不高，此时的漂讯通常较为典型，动作大。由于鱼的密度不大，上鱼频率不高，钓离底截杀的意义不大，不同漂型的垂钓效果的差别也不大。孔雀羽软尾的示漂醒目易观漂，中鱼的稳定性好，可能略有优势。如果鱼的密度大，吃食积极，鱼常常离底上浮吃食，就应采取钓离底截杀或钓控层，这时宜选用细长身、长示漂的硬尾漂。因为钓离底截杀、钓控层可提高垂钓效率。钓离底截杀、钓控层要求较高的观漂水平，必须能准确把握浮漂在“动—静阶段”的漂讯（浮漂“动—静阶段”的漂讯特点请参阅“台钓进阶”中的“把握漂讯”章节）。如果鱼的密度大，上浮积极，可选用短身硬尾漂，钓浮打快鱼，或选用入水翻身快的竹脚漂。

如果在野钓时感觉没有大鱼，而餐条等小杂鱼不少，可选用入水翻身快的竹脚漂专钓餐条等小杂鱼。如果碰上了轻口鱼，则要选用灵敏度高的浮漂，并将浮漂调整到比较灵敏的状态。如果碰到滑口鱼，初学者以选用细长身短软尾孔雀羽较好把握。

3. 钩线应变

钓线的选用主要考虑的是钓线的强度。不同品牌、种类的钓线的强度存在一定的差异；同一品牌、种类的钓线，钓线号数越大，钓线的强度越大，但钓线也越粗。钓线越粗，在水中被鱼发现的可能性越大，越容易引起鱼类的警觉；同时，钓线越粗，鱼将钓饵吸入口中的难度越大，对上鱼有不利影响。因此，只要钓线的强度能应对预期的垂钓对象，钓线越细越好，这是钓线选用的基本原则。也就是说，线径相同，强度大的才是优质的钓线。

（1）钓线使用的上限——钓竿的承受能力

为了能钓到大鱼，钓友们尤其是初学者往往会采用较粗的钓线。但是，粗钓线的使用不是没有限制的，应以钓竿的强度（承受能力）为其上限。如果钓线的强度大于钓竿的强度，碰上大鱼，断的就不是线，而是心爱的钓竿了，那时的损失就惨了。因此，垂钓时不能盲目地配过粗的钓线，要因竿而异，因竿制宜。

台钓的线组分为主线、子线两部分，其目的之一就是为了避免

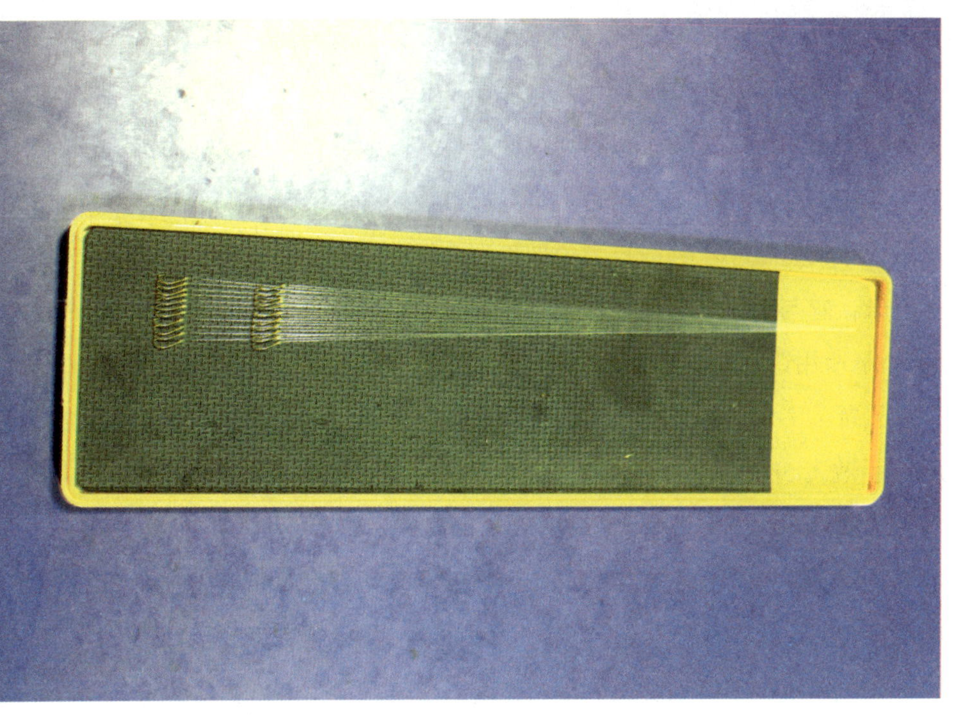

断竿的发生。主线、子线的搭配原则是主线粗、子线细，一般来说，主线应比子线的号数大1倍。例如，主线用2号线，子线就用1号线。主线要比子线的号数大1倍，主要是考虑中双鱼时主线的负荷会增大。高手们有时会增大子线的号数，如主线用2号线，子线用到1.2号线，甚至1.8号。也就是说，主线与子线的号数差最少保持在0.2号以上。主线与子线的号数差越大，钓竿的安全系数越大。初学者的控鱼能力差，主线与子线的号数差宜大，至少要有0.5号以上的差别。如果主线与子线的号数差小，必须严格检查、核对钓线的线径和拉力值，否则极易形成子线大、主线小的倒挂配置。

子线必须是整个钓组中最薄弱的环节，只有这样才能保证浮漂和钓竿的安全。遗憾的是，只有为数不多的钓竿用适用子线范围来标定钓竿的强度，市场上的大多数钓竿都不标注其允许使用的最大子线是多少。

（2）不同起鱼方式钓线受力分析

钓大鱼用粗线，钓小鱼用细线，这是起码的常识。但在垂钓实践中该如何合理用线呢？这是一个不易直接回答的问题，因为不是垂钓对象的重量小于钓线拉力值即可那么简单。钓线的受力状况十分复杂，它与钓鱼人的扬竿水平、控鱼能力、起鱼方式（飞鱼还是溜鱼）、所用钓竿的弹力大小等密切相关。

飞鱼：飞鱼一般只飞小鱼，飞到250克也就差不多了，只有少数高手敢飞500克左右的鱼。飞鱼不飞大鱼，并不完全是因为竿、线的强度问题，而是鱼嘴承受不住过大的拉力。如果所飞的鱼过大，在飞的过程中鱼体自重产生的大于鱼嘴能承受的力，就会造成拉破鱼嘴逃鱼。

飞鱼时线、竿要承受鱼的重力，由于所飞的鱼不大，鱼体的重力并不是切线的主要原因。一般0.2号钓线的拉力值就可达700克以上，0.4号可达1000克以上，均已超过了所飞鱼的重量。飞鱼时如果出现切线，往往是飞鱼启动时的瞬间爆发力所致。瞬间爆发力的大小与飞鱼的时机、飞鱼时的力度、钓竿的弹力大小等密切相关，并非一个固定值，其大小测量困难，且因人、因竿而异，只能在垂钓实践中不断摸索、感受、总结，才能找出可承受预期垂钓对象的最细的钓线。

飞小鱼一般并不伤线，即使飞200克左右的鱼，问题也不是太大。但是，如果脱钩器的使用不熟练，脱钩时未能借助竿梢的弹力，鱼挣扎的力全部由子线承担，即使是50克以下的小鱼，也会造成1号子线（较大的子线）受力过度，出现不可恢复的拉伸，从而使子线卷曲报废。飞鱼是台钓的魅力所在，但技术不到家，飞鱼极易伤子线。初学者宜从飞小鱼开始，练习脱钩器的使用。如果脱钩器的使用尚不熟练就想感受飞大鱼的快乐，最好是只飞上岸而不用脱钩器，鱼飞上岸后用毛巾裹着鱼，再手工取钩，否则飞一条鱼就会损坏一副子线。这一点应引起初学者的高度重视。

溜鱼：飞鱼一般只飞小鱼，即使是200克左右的鱼，为了保护子线也多是先溜过来再用抄网抄起。也就是说，碰到大鱼是先溜鱼、再抄鱼，钓线并不直接承受鱼体的重力，因而不能直接根据钓线的拉力值大于鱼的重量来配线。在溜鱼过程中，钓线主要承受的是在水中拖动鱼体时产生的阻力，鱼挣扎时所产生的瞬间冲击力则是中大鱼切线的主要原因。

避免中大鱼切线的关键有二，一是扬竿的动作要规范，二是溜鱼要有太极功夫，要回避与鱼的正面冲撞。扬竿过猛往往是中大鱼切线的首要原因。扬竿过猛，用的力本身就很大，会引起鱼的剧烈挣扎，两股猛力汇聚，切线也就成了必然。因此，台钓规范的扬竿动作是将扬竿分为了刺鱼、称鱼，扬竿提鱼两个步骤，而不是一见漂讯，不分中鱼大小，就用猛力一扬到底。初学台钓者应苦练扬竿和溜鱼技术，否则好不容易中条大鱼，因技术不到家，使本来完全可以钓起的鱼也跑了，还要损失一副子线。如果垂钓水域中有1500克左右的草鱼，扬竿尤其不能过猛。草鱼在中钩初期的冲击力极大，1500克左右的草鱼，高手们0.4号子线就可搞定，如果扬竿过猛，即使是1号子线也照样一扬就断。

（3）钓线的选用

钓线选用的关键是根据你的起鱼水平，用最细的线钓预期大小的鱼。因此，钓线的选用要根据钓场的鱼情来决定。不同钓场的鱼情、同一钓场中不同的钓位、不同的钓饵决定了实际钓到的鱼的种类、大小。钓线的选用，首先是根据你所去钓场有什么鱼，有多大鱼，哪种规格、种类的鱼多，你倾向于以钓何种鱼为主，以多大的鱼为你上鱼的上限等来选用主线和子线；其次是根据垂钓时的实际上鱼情况及垂钓倾向（根据上鱼情况放弃大鱼或小鱼）再做调整。一般来说，初学者“1 号主线＋ 0.6 号子线”可主钓 500 克以下的鱼，“2 号主线＋ 1.0 号子线”可主钓 500 ～ 1500 克的鱼。一般子线用到 1.5 号以上需要慎重，要注意子线与钓竿强度的匹配问题。

精养池类水体的鱼情与其养殖模式、饲养水平相关，不同精养池的鱼情差别较大。有的精养池为了适应市场行情而专养大鱼，池中鱼的规格较大。鲫鱼多为 400 克，鳊鱼在 500 克以上，草鱼往往在 2500 ～ 4000 克之间。一般的精养池以 150 ～ 300 克的鲫鱼、400 ～ 500 克的鳊鱼为主，偶尔也会上 1500 ～ 2500 克的草鱼或 500 ～ 1000 克的鲤鱼。因此，去精养池垂钓，一定要向塘主了解池中的鱼情，以便有针对性地选用线组。精养池属典型的钓混养，上大鱼的概率还是比较大的，宜选用综合竿、鲤竿等“重型竿”。若只有轻巧的鲫竿，也只能根据钓竿的强度来配线，放弃过大的鱼。如果根据鱼情来配线，则极易出现断竿现象。在精养池垂钓，一般可先用 2 号主线＋ 1.0 号子线，再根据实际上鱼情况调整。

大型水体野钓的鱼情比较复杂，鱼情常常具有不确定性，与钓位的选择、用饵密切相关。大型水体中肯定有大鱼，而且个体相当大，绝对数量也不小，但密度较小。由于大型水体的面积过大，鱼的密度又小，如果你去的钓点（如某个湖汊、库湾）没有大鱼的鱼群，想钓大鱼将是十分困难的。去大型水体垂钓一般需要追着鱼群钓，也就是说去大型水体垂钓，首先要确定的是水体的一个区域，是大范围的钓位选择；其次才是所去钓点附近的钓位选择。

总的来说，大型水体的鱼群密度低，小杂鱼多，其鱼情最鲜明的特点是为生口鱼。一天钓下来，常常出现的情况是小鱼钓了不少，200～600克的也有数条。因此，在大型水体中并不一定要用太粗的线，一般可先采用比较折中的“1号主线＋0.6号子线”，再根据实际的上鱼情况来调整。因为大型水体的鱼为生口鱼，抢食较凶，钓小鱼线稍粗点问题也不太大，碰上500克左右的鱼，安全系数也较大。如果运气好，钓点有大鱼，接连出现大鱼切线，可立即换上“2号主线＋1.0号子线”的线组，甚至更大的线组。也可先以钓小鱼为主，边钓边打窝。即先用较细的线组，如“0.8号主线＋0.4号子线”或“0.6号主线＋0.3号子线”，过足钓快鱼（小鱼）的瘾，窝子发起来了，再换较大的线组。

4．钓钩应变

钓钩的选用要与鱼情相适应。钓钩的选用相对比较简单，主要是根据鱼情选用相应的钩型和钩的号数。台钓要求用无倒刺钩，而市场上容易买到的无倒刺钩的种类不多，常见的只有袖钩、关东钩、新关东钩等。袖钩的钩条较细，属“轻型钩”，适合钓鲫、鳊等冲击力小的鱼，竞技比赛中用得多。关东钩、新关东钩的钩条较粗，属“重型钩”，适合钓鲤鱼、草鱼、青鱼等大型鱼类。同一钩型中，大鱼用大钩，小鱼用小钩。普通垂钓爱好者是以钓混养、生口鱼为主，以用关东钩、新关东钩为主。

此外，钓钩的选用要注意与钓线的粗细相匹配。一般来说，细钩、小钩配细线，粗钩、大钩配粗线。如果钓钩不与钓线相匹配，同样难以取得好成绩。例如，粗线配小钩、细钩，碰到大鱼子线不会切，但钩可能因强度不够而被拉直，从而造成逃鱼；同时，粗线易引起鱼类的警觉，影响上鱼率。再如，细线配大钩，碰到大鱼钩不会被拉直，但子线易切，同样也会逃鱼。钩条粗、钩又大，不利于钓饵的吸入，会影响小鱼的上鱼率。只要钩小，钩条稍粗一点，对于吃食凶猛的生口鱼影响并不大。

用钩偏大是初学钓鱼者的一个通病，总是怕钓钩小了钩不住鱼。一般来说，钓鲫鱼的钩，其钩门宽度最好是鱼嘴直径的 1/3 左右。当钩门宽度超过 1/2 时，鱼不易将带有饵团的钩吸入嘴中。此外，用钩过大，往往会造成挂饵过大，以致鱼不能一次将带钩的饵团吸入嘴中，虚假漂讯多，影响上鱼率。一般来说，“1 号主线 + 0.6 号子线 + 3 ～ 5 号钩”可主钓 500 克以下的鱼，“2 号主线 + 1.0 号子线 + 6 ～ 8 号钩”可主钓 500 ～ 1500 克的鱼。同一规格的子线可配不同大小（号数）的钓钩，这是因为普通垂钓爱好者以钓混养为主，上鱼率高，多为小鱼。大鱼虽有，毕竟概率较低。因此，在钩、线的选用上要来点折中，大小都得兼顾。以钩、线的强度来保证可钓大鱼，以小钩来兼顾小鱼。

此外，无论主线、子线，一盘质量有保证的钓线总要数十元，钓线配备得过于细分，总花费太高。

5．饵料应变

钓谚曰“三分钓技七分饵”，可见钓饵是垂钓技术中的重要一环。垂钓讲究用饵之道，而且必须是针对性用饵，不论哪种垂钓方式都是如此。垂钓的用饵之道要求因鱼制宜、因地制宜，要根据钓场的情况、上鱼的状况来分析、判断，选用对路的饵料垂钓，才能取得较好的垂钓效果。

（1）因鱼制宜

垂钓用饵要因鱼制宜，是因为不同种类的鱼，其天然食性是不

同的。例如，鲫鱼是以植物性为主的杂食性鱼类，鲤鱼是以动物性为主的杂食性鱼类，草鱼、鳊鱼以吃草为主，鲢鱼吃浮游植物，鳙鱼吃浮游动物，鲶鱼、鳜鱼等肉食性鱼类吃小鱼小虾。各种鱼的天然食性具有遗传性，是鱼类适应环境形成的特性，是生物进化的结果，是其种的属性。想钓某种鱼就要用该种鱼喜吃的食做饵，这是因鱼制宜的理论基础。

（2）因地制宜

垂钓用饵要因地制宜，是因为在不同的水体中，即使是同一种鱼，其食性的喜好是有差别的，钓友们常说"一方水土养一方鱼"就是这个道理。鱼的食性虽然是种的属性，具有相对的稳定性，但由于地理环境、气候条件、地质状况的不同，不同水体中的饵料生物是不同的。鱼为了生存需要不断摄取食物，而且只能摄食其生活水体中存在的食物，因而导致同一种鱼在不同水体的食性差异。在养殖水体中，由于水体中天然饵料不能满足鱼类的摄食需求，需要大量投喂人工饲料，不同的养殖水体投喂的饲料种类不同，因而造成食性差异。

吸引鱼吞吃的原因并不仅仅是因为喜吃某种具体的食物，而是因为该食物中所含的某种能激起鱼类摄食欲望的化学物质。只要食物中含有能激起鱼类摄食欲望的化学物质，口感较好（一般以柔软为佳），即使不是该种鱼类天然食性中的组成部分，也会引起该种鱼类的吞食。因此，鱼类的食性也存在着一定的变异性，有着较大的可塑性。垂钓用饵时，不能过于拘于鱼的天然食性，必须考虑具体某一水体鱼的实际饵料来源，并以此为依据，针对性地用饵。

（3）注重钓前调查

高手来到钓场，一般并不急于开钓，而是多喜欢围着钓场转转，与钓场老板聊聊，看看钓友的成绩、用饵的情况，时间充裕的话也会与钓友聊上一小会。其实这就是在做钓前调查。钓前调查虽然会占用一点垂钓的时间，但钓前调查是值得的。通过钓前简单的调查，可对该钓场中鱼的种类、钓场环境、投喂状况、垂钓成绩与饵料种类的关系等有所了解，心中有数就可投其所好，用饵也就容易对路了，针对性加强，垂钓的效果也就有了保障。

（4）灵活调整、及时换饵

通过钓前调查，可大致了解钓场鱼的口味。如果判断不正确，上鱼情况不佳，应及时更换钓饵的种类。一般来说，钓点有鱼星而不太咬钩，就可考虑更换钓饵的种类。钓点无鱼星，漂也没有动作，可能是钓饵与鱼的口味相差过远，应立即换饵。如果换饵后上鱼还是不佳，则可能是钓位选择不当，宜换个钓点再钓。高手钓鱼往往会带有多种不同性质的钓饵，有的腥、有的香，有的是基础料的本味。各种不同类型的钓饵备得足，就可根据分析判断和实际上鱼情况灵活选用。

台钓的商品钓饵采取的是成品路线，将基础料与诱食剂合二为一，除了做诱食剂的香精外，说明书上还注明添加了某些高效的诱食剂，但没有详细说明诱食剂的类型。台钓商品钓饵的味型以香为主，常见的香型有奶香、草莓香、椰香等。由于添加了香精，台钓商品钓饵闻起来香喷喷的。由于对商品饵的诱鱼成分缺乏了解，无法科学地进行各种商品饵的搭配，因而台钓商品饵宜按照厂家的指导去运用，这无疑压制了用饵的自由发挥空间。如果能将基础料与诱食剂分开，根据钓场的实际鱼情来灵活调配，则可增强用饵的针对性，可使用饵更加科学，垂钓也可多一份 DIY 的乐趣。

❖ 综合应变

垂钓现场的鱼情千变万化，碰到上鱼不佳时要冷静，仔细分析原因，找出对策。

1．漂无动作

开钓已有一会儿，不但没上鱼，漂连点反应都没有，这是垂钓者最不愿碰到的事情，但又不罕见。遇到漂无动作，需要认真分析，找出其原因所在，才能采取相应的对策。

（1）低密度的大型水体

在大型水体中野钓，水体中鱼的密度不高，生口鱼或钓位选择不对常常是漂无动作的主要原因。如果钓了半小时漂仍无动作，就可考虑换个地方了。但是，换位也可能出错，一是新地方也未必有鱼，二是老地方钓的时间长了,终于把鱼诱了过来,你一走就可能发了窝。

（2）中密度精养池类水体

在精养池类水体中，鱼是肯定有的，而且大都是生口鱼。如果漂无动作，往往是钓位选择不当、用饵不对路、找底不准等因素所致。开钓 10 ～ 20 分钟后，如果漂无动作，首先要排除是否找底不准。饵团不着底，在钓点的鱼密度不大时是极为不利的。找过了底，又碰上池底是软底，饵团没入池底的淤泥中，鱼也难以发现，影响鱼吃食。如果重新找底后漂仍无动作，开钓的时间也在 30 分钟以上，就应考虑换饵，改用长竿，或者直接换位了。

（3）高密度小型水体

水体中的鱼密度高，不同钓位的差别尚不至于达到漂无动作的程度。水体中鱼的密度高，一般 5 竿之内就可开竿上鱼，要是连抛 10 竿后漂都无动作，就要开始找原因了。例如，线组是否用得过大、漂系的灵敏度是否达标、找底是否准确等。如果漂已相当灵敏了，找底也没问题，漂还是没有动作，那就多为用饵不对路了。

2. 漂有动作，空竿率高

漂有动作，扬竿却不中鱼，空竿率高。这种情况是常见现象，虽然让人着急，但容易激起钓鱼人的斗志。造成这种情况的原因比较多，也比较复杂，往往与漂的灵敏度与鱼情配合不当、漂讯的理解不充分、扬竿时机把握不当、所上饵团过大等因素相关。

如果选用了过灵的浮漂类型，或将漂调得过灵，鱼还未将饵吸入口中就出现了漂讯，从而形成虚假信号，以致扬竿就出现空竿。可试着减点铅皮，将漂调得钝点，或者稍稍推迟扬竿。

如果鱼已有所上浮，但因不能熟练把握“动—静阶段”的漂讯，当有“超时停顿”“加速下沉”等漂讯时未能及时扬竿，等到出现明显下顿时扬竿却是空竿。因为这时的“下顿”已是鱼在吐饵，而不是吞钩造成的了。这种情形在钓点的鱼较多、鱼摄食欲望强时常常出现，只有尽快掌握“动—静阶段”的漂讯特点才是解决问题的良方，不妨抛几竿空竿，仔细观察一下浮漂自身的运动规律，对自己的浮漂的运动规律有了一定的认识后，再挂饵垂钓。一旦发现与浮漂自身的运动规律不符，就可立即扬竿。实在不能把握“动—静阶段”的漂讯，只有放弃高手们最爱的钓离底截杀，可将饵抛到略偏离钓点的位置钓底，这样就可抓典型漂讯了。

如果钓点的小鱼多，所上的饵团又过大，小鱼一口吞不下整个

饵团，因而扬竿不能中鱼。因此，可将饵团上小些，或适当推迟扬竿。

3．钓点有鱼，但上鱼困难

钓点有鱼，窝点或窝点附近鱼星点点，甚至炸了窝，但就是鱼不咬钩，或者说上鱼率不高。这主要是用饵不对、找底不对造成的。

如果诱食剂的浓度用得过大，诱食剂变成了抑制剂，鱼被诱到了窝点附近（诱食剂的浓度适宜），就是不进窝吃食（诱食剂的浓度过高）。有时，窝饵比钓饵更适合鱼的口味，鱼只吃窝饵，不咬钩了。

如果用饵对路，但找过了底，所用饵是大比重，池底又恰逢软底，饵团没入池底的淤泥中，鱼吃食困难，从而影响上鱼率。

此外，如果不能熟练把握"动—静阶段"的漂讯，对于典型的"动—静阶段"漂讯无动于衷，那就是技术不到家的问题了。

4．钓层应变

钓鱼要在有鱼的地方钓，要追着鱼群钓，不仅要追着鱼群在水体中的水平分布钓，还要追着鱼群在水体中的垂直分布钓。

在垂钓中，如果钓点的鱼多，摄食积极，常常可遇到这样的情形：钓底时开始漂讯正常，上鱼也较好，但钓着钓着就有漂沉不下去的感觉。漂讯不再是下沉到位后的有力下顿，而多出现"动—静阶段"的"超时停顿""加速下沉"等漂讯，甚至漂还未翻身站立就出现了异常漂讯，这表明鱼已等不及在水底吃食，而是离底上浮、追着钓饵吃了。这时不宜再继续钓底，而必须抓"动—静阶段"的漂讯了。这也就是高手常说的钓"离底截杀""钓行程""钓控层"，是典型的钓快鱼技法。

钓"离底截杀"的前提是鱼要能离底上浮、追着钓饵吃食，并且要有足够多的鱼上浮，并不是用钓"离底截杀"的技法就能有好的效果。钓"离底截杀"宜用长示漂的硬尾漂。示漂长，浮漂翻身

站立到下沉到位的行程长，可提供更多的中鱼机会。这也是为什么现在的竞技比赛中越来越流行长示漂硬尾漂的原因。要钓好“离底截杀”的关键，除了需具备熟练的台钓基本功、准确抓取“动—静阶段”漂讯外，就是要能准确判断鱼群上浮的程度，根据鱼群上浮的程度调整浮漂的位置，使浮漂保持能准确传达漂讯的状态。一般来说，浮漂只有处在竖直状态下才易准确传达漂讯，而鱼群上浮后，浮漂尚未翻身站立就出现异动，浮漂传达的漂讯不典型，不易把握。因此，要将浮漂上移，要让漂讯出现在浮漂翻身站立后的下沉阶段，以保证浮漂能准确传达漂讯。一般来说，发现鱼上浮，一次可将浮漂上移一漂的长度（漂的全长）。

需要注意的是，鱼群的上浮是一个动态的过程，鱼群所处的水层是不断变化的。如果钓饵的雾化效果好，抛竿的频率高，鱼群可能会上浮，这就需要根据鱼群所在水层的变化不断调整浮漂的位置。如果将鱼诱到水的表层（水皮），浮漂尚未翻身站立就出现漂讯，鱼还是不好钓。同时，鱼在过浅的水层能察觉到岸上的钓鱼人，易受惊散窝。如果鱼上浮过于积极，高手会采取一些措施，将鱼控制在一定深度的水层中，这就是所谓的“钓控层”。要将鱼控制在一定深度的水层中，就要适当控制钓饵的雾化效果，适当控制抛竿频率，加快钓饵的下沉速度。

如果因某种原因导致抛竿频率较低，鱼在中上水层不能吃到食，上浮的鱼群可能又会回到水的中下层，甚至是水底去寻食。这时就需将浮漂下移，每次下移的量仍然是一漂长。

5．闹小鱼

闹小鱼是指钓点聚集了大量小鱼，如餐条、麦穗鱼等，以致浮漂还没下沉到位就出现了漂讯，无法正常垂钓心中的目标鱼。这种情况在养殖水平不高的半精养池及野钓时经常发生。

如果想完全避开小鱼，专钓底层的鲫鱼、鲤鱼等是比较困难的，但不是完全没有办法。避开小鱼的关键是要让饵团快速下沉，保证钓钩沉到水底时钩上还有钓饵。采取的措施有两种途径，一是做钓饵的文章，控制饵团的雾化效果，以免小鱼聚得更多，宜用大比重的钓饵；调饵时可调得稍硬一点，饵团上可稍大一点，以保证经小鱼的啄咬后到水底时钩上还有钓饵；加些铅皮，将漂调得钝些，以加快钓饵的沉底速度，甚至换大漂并调钝。最极端的是采用台钓中的“钓跑铅”来应对闹小鱼。所谓“钓跑铅”，是台钓调漂极度调钝的一种技法。施钓时铅坠着底，双饵团横卧水底，与台钓的正常调漂相比，真可谓钝之又钝。“钓跑铅”的配铅大，饵坠飞快，可避开小鱼啄咬；漂系极端迟钝，可过滤小鱼啄咬时的虚假信号。因此，用“钓跑铅”应对闹小鱼还是比较有效的。

❖ 避免断竿措施

钓竿是钓具中的贵重物品，在某种意义上讲是耐用品。只要使用得当，断竿很少发生，除非钓竿有质量问题。但是，断竿的现象的确存在，这往往是竿线的配合、选用不当，以致钓竿失去保护机制；扬竿、溜鱼时的操作不当，使钓竿承受了不必要的超大的力；出竿、收竿时的粗心大意，造成无谓的人为失误。因此，要想不断竿，就必须正确使用钓竿，一般要注意以下几点。

1．正确选用钓竿

每根钓竿的强度都是一定的，不同类型钓竿的强度是不同的。要保证不断竿，钓竿的强度就要与所上鱼的种类、规格相匹配。因此，在垂钓时要根据鱼情，或者说根据预期能上的大鱼规格来选用钓竿。

一般来说，预期以鲫鱼、鳊鱼为主，可选用轻巧的鲫竿;若以钓草鱼、鲤鱼为主，或者说不愿放弃上草鱼、鲤鱼的机会（虽然上它们的概率不高），就应选用综合竿、鲤竿等强度高的“重型竿”。如果硬是要拿着鲫竿去钓草鱼等大型鱼，如果线组用得过大，则会造成断竿。

2. 线组的选用要恰当

台钓的线组分为主线、子线两部分，其目的之一就是为了避免发生断竿。钓线的选用要与钓竿的强度相适应，如果钓线太粗，其承受能力超过钓竿就会有危险。科学选用线组是防止断竿的重要措施，应引起高度重视。一般来说，只要子线不要太粗，碰到大鱼只会切线，而不会断竿。

3. 避免用力过大

作用在钓竿上的力超过其承受范围是断竿的直接原因。钓竿所受的力来源主要有二,一是扬竿、溜鱼时钓鱼人的发力，二是鱼中钩后挣扎时爆发出的冲击力。因此，要想避免切线、断竿，就要合理地调控扬竿、溜鱼时的发力，尽可能减轻对鱼的刺激，避免鱼的过度挣扎，溜鱼时回避与鱼的正面较量。

在垂钓中要想避免切线、断竿，最重要的是扬竿动作要规范，切不可扬竿过猛。造成扬竿过猛的原因主要有二：一是一见漂讯就激动，因而导致用力过大；二是没有熟练掌握规范的扬竿操作要领，扬竿时没有称鱼的过程,而是一扬到底,导致上大鱼时成了直接飞鱼。因此，要避免扬竿过猛，关键是要保持平和心态，严格按照扬竿的操作规范进行。其次，溜鱼要有太极功，鱼紧我松，鱼松我紧，避免与鱼的正面交锋。

4. 合理调控钓竿的受力状况

台钓的主线、子线系统是保护钓竿的有效措施，但钓竿所能承

受的拉力大小是随钓竿的受力状况变化的，能否充分发挥、利用钓竿的强度，与钓竿受力状况的调控水平密切相关。只有当竿体与水面形成一定的角度，整个竿体均匀受力时，钓竿的强度才能达到最大。也就是说，在溜鱼时竿体必须保持一定的向上倾斜角度，如果竿尖一点都不能抬起来，竿体一点都不弯曲，钓竿的弹力就发挥不出来，竿、线、钩形成一条直线，也就是所谓的“拔河”，这样极易切线。竿体与水面的角度越大，所能承受的拉力强度就越小，成直角时最小。在溜鱼时，将钓竿抬起来一点是必要的，但不能将钓竿竖得太直。如果将钓竿竖得太直，就只有钓竿的前部受力，钓竿的承受能力将大打折扣。如果竖得太直，仅 300 克左右的鱼就很可能损坏钓竿的竿梢或者第二节。

此外，整个竿体能否均匀受力与握竿的位置密切相关。握竿的位置不宜太靠前，太靠前会失去很多的弹力。溜大鱼时单手握竿往往感到很吃力，常常会双手握竿，这时就要注意握竿的位置，要尽量握在手把附近，不要太靠前，以免人为地造成竿体受力不均匀，降低钓竿的强度。

5. 只飞小鱼

飞小鱼一般不会有什么问题，经验老到者，飞 200 克左右的鱼问题也不大。如果鱼超过 250 克，就最好不要飞了（虽高手可飞 500 克的鱼），因为鱼已较大，操作稍有不当，则易断竿。

6. 鱼钩挂底处理

垂钓中出现钓钩挂底是比较常见的。钓钩是必须要拉起来的，不然垂钓就无法继续下去，问题是如何将钩拉起来。钓钩挂底常常挂得较牢，用较大的力也难以将其拉起来。用的力越来越大甚至用猛力，很容易引起断竿。处理钓钩挂底的原则是丢卒保车，断线不断竿。正确的做法是将竿放平，使竿、线、钩形成一条直线，形成“拔河”，手握钓竿慢慢向后退，边退边拉，直至将水底异物拉出。如果挂得实在太牢，就会拉断子线，而不会损坏钓竿。因为“拔河”状态钓竿基本不受力。

7. 按操作规范出竿和收竿

出竿、收竿谁都可正确操作，应该不算垂钓技术之列，但因出竿、收竿操作不当而断竿的为数不少。

出竿时要从细到粗依次抽出，抽出时每节间要适当抽紧，全部抽出后可持竿抖动检查，竿体无松节、振动即可。如果钓竿的某节没有抽紧，就会造成竿体受力不均匀，碰上大鱼断竿，断点就会出现有抽紧的接口处。抽紧时不可过度使劲，否则极易造成死节而无法收回，以收回此节时无须大力为好。出竿不宜采用甩竿的方式。竿子向外一甩，竿子是可展开，看起来也很潇洒，但常常不是某节没有抽紧，就是造成死节，得不偿失。

垂钓结束收竿，要严格遵守由粗到细的收竿秩序，若不遵守，极易出现损坏钓竿的现象。据统计，因收竿不当造成的鱼竿损坏约占鱼竿损坏的一半以上。

第四章

海　竿

什么是海竿

海竿的定义最初的确是指在海中垂钓时所用的钓竿。但现在所说的海竿已不完全是在海中垂钓时所用的钓竿了，在海中垂钓时所用的钓竿现在只不过是海竿的一个种类。在我国，钓友们所说的海竿通常是指钓竿上装有绕线轮，可放线、收线的抛投钓竿。也就是说，狭义的海竿是指抛投类的钓竿，广义的海竿是指用带有线轮的钓竿，通过抛投的方式，将钓点定位在离岸较远的地方进行垂钓的一种垂钓方式。

海竿系统由钓竿、线轮、线组三部分组成。常用的钩组有串钩、爆炸钩、水怪（飞钩的改进版）等。

海竿的特点

海竿是非常有特点的，有着手竿类钓法无法与之相比的独特优点。海竿的特点主要包括以下几个方面。

❖ 海竿上装有线轮

海竿最大的特点是钓竿上装有线轮。钓竿上装有了线轮，使得钓竿的性能有了质的变化，从而使海竿具有手竿类钓法无法与之相比的两大优点，即钓点远，轻松制服大鱼。通过抛投，海竿可使钓点离岸边的距离很远。即使是短小的海竿，轻轻一抛也可达到20～30米远的离岸距离。重型海竿则一般可达70～80米，甚至可达百米以上，这是手竿无论如何也无法做到的。

海竿通过线轮的收放线，可有效化解大鱼的冲击力，大大提高了搏大鱼的成功率。因而海竿特别适合在大型水体中垂钓，而且是钓大鱼的利器。

海竿的起源是为了能在大海中垂钓，但随着海竿的发展，现在海竿的运用已进入了淡水垂钓，是水库、湖泊、江河等大型淡水水域中钓大鱼的利器；甚至在人工养殖的中小型水体中也开始应用海竿进行垂钓，在鱼不溜边时，在中小型水体中用海竿垂钓，常常会有意想不到的好效果。

❖ 运动量可自主调控

玩海竿，就要进行抛投，因而有一定的运动量，但海竿的运动量是可自主调控的。想运动量大，可采用路亚钓法，不断地抛竿、收竿，钓一天下来，无论垂钓成绩如何，健身的目的是绝对达到了

的。如果不想运动量过大，钓得休闲一点，可采取定位钓法。将钩饵抛投出去后，就可尽情享受阳光的沐浴、大自然的清新空气，静静地等待鱼儿咬钩。如果耐不住垂钓中的寂寞，则有两种途径来解决：一是用多竿定位钓法。用的海竿的数目多了，一竿竿地换饵、抛竿，即使不上鱼，一轮操作做完，又差不多该进入下一轮的换饵、抛投了，也就不会有太多的空闲。二是可采取定位钓法与路亚钓法相结合的垂钓方式。定位钓法的竿子抛出去了，在等鱼上钩时再拿根海竿玩玩路亚。

❖ 海竿玩法比较休闲

玩海竿一般不用像台钓那样“眼不离漂”垂钓时不必全神贯注，是真正的休闲垂钓。因而在玩“传统钓”的同时架副海竿，是钓友们常用的方式。手竿的瘾可过足，海竿还可能会有上条大鱼的意外惊喜。

❖ 海竿玩法多样化

从垂钓的不同水层看，可分为海竿钓底、海竿钓浮两大类。从钓鱼人垂钓时所处的位置不同，又可分为岸钓、船钓、滩涂钓等。按所用钓饵的真假，则可分为用真正钓饵的一般海竿钓法和用假饵的路亚海竿钓法。此外，海竿钓法正处在迅猛发展阶段，钓友们在不断地改进海竿的钓技钓法，因而海竿钓法是 DIY 们大显身手最佳的垂钓方式。

海竿属抛投类钓法，具有垂钓距离远、搏大鱼成功率高的优点。海竿休闲自在，运动量可大可小，玩法多样，适应性强，男女老少皆宜。

海竿入门

海竿的入门非常简单，只要能将海竿组装起来，能够将钩饵抛投出去，就有上鱼的可能。因此，海竿的快速入门只需要掌握海竿组装、抛投、收线等最基本的操作。而海竿的这些基本操作简单易学，谁都能做到。因此，只要你想感受一下上鱼的乐趣，就不妨试试海竿垂钓，快乐可能很快就会降落到你的身上。

❖ 海竿的组装

海竿钓组由海竿、线轮、线组三部分组成。海竿系统的组装，就是将配有钓线的线轮装到海竿上，再接上线组的过程。

1. 安装线轮

安装线轮是组装海竿的第一步。线轮一般是安装在海竿的手柄节上。拔节式海竿也是由多节组合而成，下端最粗的一节称之为手柄节，其上有安装线轮的机构。不同海竿的线轮连接方式有所不同。玻璃钢海竿多为螺旋锁紧式，将线轮的轮座插入后，拧紧即可。碳纤海竿多为卡式，拨开卡片，插入线轮，按紧卡片即可。

2. 穿线

海竿的钓线是储存在线轮中的。海竿钓竿每一节的上端都有一个导线环（中通竿的导线系统则在钓竿的内部）。安装好线轮，要将线轮上的钓线依次从导线环中穿过，最后从竿尖的导线环穿出即可。

3. 挂钩、坠

钓线从导线环中穿过后，接上串钩，再接铅坠，一副钓底的串钩海竿就组装完成了。海竿线组的连接比较简单，多采用别针别住 8 字环的连接方式。一般线轮上的主线可预留一个 8 字环，而串钩的上下两端都有别针，上端与穿过海竿顶端导线环的主线上的 8 字环相连，下端与铅坠相连即可。因此海竿线组的连接十分方便、快捷。

4. 曳力调整

海竿在抛投前，需要检查一下线轮的曳力状况，即稍稍用力拉一下主线，看松紧是否合适。泄力的松紧一般以用手拉一下主线，轮子能自如转动并出线为宜。如果不达标，适当拧一下曳力调整钮，直到泄力的松紧适度为止。这时海竿就可用于抛投垂钓了。曳力的调整是旋松或拧紧曳力调整钮，曳力调整钮的位置根据不同类型的线轮有所不同。前曳力轮的曳力调整钮通常位于线槽的上方，而后曳力轮则多位于轮体的下方。

装上线轮，穿好线，连接好钩、坠，调整好曳力状况，一副海竿就组装完毕，就可开始抛投垂钓了。

❖ 海竿抛投的基本方法

在抛投海竿前，首先要调整好下垂线的长度（铅坠与海竿尖导线环之间的钓线长度）。下垂线的长度是通过线轮的收放线来调整的，以短一点为宜，尤其是新手，新手一般以不超过1米为宜。第二步是检查调整曳力状况，第三步是打开线挡，保证钓线在抛投时能顺畅地出线。至此抛投前的准备就绪，就可挥竿抛投了。

海竿抛投的正确握竿方式是双手一前一后握住竿把（一般是右手在前，左手在后），右手的无名指与中指之间夹住线轮的轮座，右手食指钩住钓线后左手打开线挡，两腿前后叉开，竿尖向后，平举海竿，身体上部略往后倾，重心放在后腿，用力向前挥动甩竿，身体重心移向前腿，当竿挥到与视平线夹角约45度时迅速松开食指放线，身体上部自然顺势前倾，待铅坠落水后身体恢复常态，放下线挡，收紧钓线即完成海竿的抛投。

将海竿抛投出去并不难，记住上述的抛投步骤，试抛几次，当动作协调、连贯自如了，海竿也就自然能够抛投出去了。若要求投准，则需要一段时间的练习。

新手在抛投海竿时最重要的是不要忘记打开线挡。线挡是线轮出线的开关，不打开线挡，线轮无法出线。抛投时要打开线挡，对于使用海竿钓鱼的人来说本不是什么问题，却又是时常发生的问题。线挡未打开就抛投，其不良后果是显而易见的。

❖ 海竿使用三要素

1. 调整好线轮的曳力再抛竿

在海竿抛投前，一定要检查一下线轮曳力的松紧情况，要养成检查线轮曳力状况的习惯。线轮曳力一般以手拉一下主线，轮子能自如转动并出线为宜。

抛竿前不事先调整好曳力，尤其是当曳力过紧又碰上大鱼时，往往会后悔莫及。如果线轮的曳力过紧，上大鱼时钓竿可能被拉倒，甚至被拖入水中。如果支架插得较牢，又没有及时扬竿，大鱼会将钓线拉断。曳力松一点的情况要好一点。上大鱼时，即使没有及时扬竿，钓线也能自如地出线，暂时不会造成危害。但这时鱼是轻松地带着钓线走,没有消耗鱼的体力。如果鱼不耗体力消耗了过多的线，线轮的线储备不足，再与大鱼搏斗将是十分困难的。因此，如果上大鱼时曳力过松，要及时做适当调整。

2. 调整好适当长度的下垂线

这里所说的下垂线是指竿尖导线环到线组末端这段距离的钓线。下垂线由主线、钩具两部分组成。总的来讲下垂线宜短不宜长，下垂线在0.4米左右时抛投是非常方便的。下垂线的最大长度应以抛投向后平举海竿时钩、坠不触地为准。下垂线如果过长，会严重地制约海竿的抛投动作。一是发力受阻，有劲使不上，投不远;二是海竿抛投时向后平举竿，钩组易与地面接触，很容易挂在脑后地面上的树枝和杂草之类的东西上，造成不必要的损失。

3. 食指钩钓线、打开线挡

抛投前食指钩钓线、打开线挡，这是玩海竿的基本常识，是海竿操作的基本程序之一。这本应不是什么问题，但总有人在抛投前会忘记打开线挡，应引起高度重视。

❖ 把握扬竿时机

海竿的扬竿时机与手竿的扬竿时机的把握是有所不同的。手竿扬竿主要是看漂的动态；而海竿的扬竿，主要看竿梢的动态情况来确定。

1. 竿梢连续抖动

连续抖动（两次以上）是中鱼的典型信号，要及时扬竿。注意，典型的中鱼信号是竿梢连续抖动，而且是两次。如果竿梢仅轻微抖动或铃铛响，但很快恢复原状，一般并不是中鱼的信号，可能是小鱼闹窝咬一下就跑；或者是大鱼撞线；或者因风力过大，吹动竿梢微动和铃响。

2. “回线”

“回线”也可能是海竿中鱼的一种信号。海竿抛竿后，按操作程序是要紧线的。也就是说海竿抛投定位后，海竿的线是呈绷紧状态的。所谓“回线”（也称塌线），是指绷紧的海竿线变成了松垮状态。

在多数情况下，鱼咬钩后都是朝与岸边相反方向或斜方向逃窜，从而形成竿梢连续抖动或拉成弓形。但鱼咬钩后有时也会出现朝岸边方向游动的情况,从而导致了“回线”的情形出现。如不及时发现，就容易错过扬竿的良机。

但是，并非所有的松线现象都是中鱼信号，要注意加以区别。非中鱼有时也会形成松线，例如绷得过紧的钓线，当炸弹钩抛入水中时间过长，钩、饵脱离，钓线就会渐渐松下来；风浪的影响也可能会使钓线松塌。但是，非中鱼的松线和咬钩的“回线”信号是不同的。咬钩的“回线”信号是突然塌下,而非中鱼的松线是渐渐松下。

总之，垂钓时发现松线，要及时处理。可紧紧线，感觉一下是否中鱼，调整一下钓线的状态。如果抛竿的时间较长后出现松线，也可试探性扬竿收线，这时的松线不是中鱼就是饵已脱落，即差不多也该扬竿收线换饵了。

结束语

目前流行的主流钓法主要包括台钓、“传统钓”、海竿三种类型，它们各有千秋，并不存在优、劣之分，只不过是分别适应于不同的鱼情、不同的垂钓水体和不同的钓友类群。

台钓与“传统钓”同为手竿类钓法，但二者的侧重点有所不同。台钓起源于小水体的竞技钓鲫，具有快速、舒适的特点，最适于在高密度的小水体中垂钓。只要钓点能达到鱼群的觅食活动范围，就适宜采用台钓；只要鱼群的密度够大，摄食积极，台钓的快速优势就能充分发挥，也就具有绝对的优势。

台钓的不足之处在于钓点距离岸边较近，对钓场的要求较高。台钓最常用的 3.6 米、4.5 米钓竿，其钓点能达的距离不及常用“传统钓”的竿长。如果用 5.4 米、6.3 米的长台钓竿，操作难度增大，不仅难以控制抛竿落点，而且示漂细，眼力不好，观漂会出现困难，一些动作细小的漂讯可能就无法把握。

台钓可用于野钓，但野钓对于台钓来说只是应用领域的拓展，难以做到“全天候”野钓,其原因有二。一是台钓对钓场的要求较高，不仅岸边要有较大的平台区域，以保证台钓装备的架设，还要求水底平坦，以便于调漂。台钓对场地有较高的要求，野钓有时就不能完全按照鱼类的活动规律来选择钓位，致使野钓时的一些好钓位不能被选用，从而影响到垂钓的效果。二是台钓常用的竿长有限，钓点离岸较近，在大型水体中野钓，钓竿过短，有时不能达到鱼的觅食活动范围内，这时就难以钓到鱼。

台钓在垂钓时需要全神贯注，一旦钓饵入水，就要求“眼不离漂、手不离竿”，而且台钓需要不断地换饵，在无鱼时也不会寂寞难耐。

性子急的人想尝试垂钓，台钓是最佳选择之一。台钓的运动量总的来说是比较大的。台钓的装备多,仅其搬运过程就具有基本的运动量。当车离钓点较远时、当满载而归时尤其如此。鱼情好、上鱼率在每分钟 60 条以上时，无论是上大鱼还是上小鱼，至少会让你愉快地再“跑个 1500 米”。当然，台钓的运动量也是可调控的，采用台钓方式去休闲野钓，上鱼频率不高，运动量也不会太大。

“传统钓”是传统钓法中的一种，源自天然水域的野钓。“传统钓”的特点是竿长钓点远，并能精确地远距离定点垂钓。“传统钓”对场地的要求不高，可完全按照鱼类的活动规律来选择钓位，可在台钓不宜垂钓的草窝、荷叶间垂钓。“传统钓”调漂快捷，换位方便，可进行轮窝钓，从而可对所选钓位进行筛选，确保正确选择钓位。在鱼群密度不大时，进行轮窝钓是提高钓获率的有效途径之一。也就是说，“传统钓”可真正做到“全天候”的野钓,这是台钓所不及的。此外，“传统钓”在某种意义上讲是以不变应万变，一竿一漂就基本够用，不像台钓需要配备不同用途的钓竿、不同类型的浮漂来应对不同的鱼情，因而“传统钓”的装备比较简单。装备简单的结果是投资减少，使用方便，不需要根据鱼情选择、更换钓具。

但是,“传统钓”存在着操作不便的缺点,垂钓时每次换饵、摘鱼、调漂等操作都必须伸缩钓竿，这在野钓上鱼频率不高时对垂钓效率的影响还不大；但在上鱼率高的高密度小水体中垂钓时，每次出竿都要伸缩钓竿，会大大影响总的垂钓效率。因此，在高密度的小水体中垂钓，“传统钓”明显不及台钓。

“传统钓”是一种比较休闲的垂钓方法，多用于休闲野钓。“传统钓”的示漂醒目,容易观漂。漂讯简单,以送漂和黑漂为主要漂讯。采用了有倒刺的钓钩，鱼咬钩后不易吐钩逃脱，扬竿时机也就不需像台钓那样精准。“传统钓”的特点决定了其垂钓的休闲，加上休闲野钓的水域鱼的密度一般不大，上鱼的频率往往不是太高，钓饵入水后往往需要较长时间的等待，故常常可见钓友将钓竿往竿架上一放，悠闲地坐在一旁等待鱼儿咬钩。因此，用“传统钓”玩休闲野钓，要有足够的耐心，性子急的人不宜。“传统钓”有时会给有耐心的人以惊喜。

海竿是抛投竿，与手竿类的台钓、“无伦次传统钓”有着明显的不同。海竿的特点是配有线轮，钓点可超远，搏大鱼轻松。虽然海竿钓法以大水面、搏大鱼为主，也可用于小水面垂钓。海竿钓法的适用范围广。如果用海竿钓浮，所有水域均适用。如果用海竿钓底，则要求水底无杂物，否则出现挂底的现象。

海竿是一种非常好的钓法，但奇怪的是海竿的普及率不是太高。海竿垂钓时不必像台钓那样全神贯注，是真正的休闲垂钓，而且钓获量较高，以天论价的钓场，海竿的价格一般比“传统钓”高就证明了这一点。海竿钓法不仅入门简单，而且运动量可大可小，完全可自主调控。耐不住寂寞的人可忙得不亦乐乎，喜静的人也可钓得悠闲自在，因而适宜的人群最广，男女老少皆宜。海竿的玩法多样，线组 DIY 的空间大，值得尝试。

台钓、“传统钓”、海竿三种主流钓法的入门都比较简单，只要想玩，马上就可成为一名钓手。从入门速度的快慢看，“传统钓”是最简单的，几乎是不学自通。海竿、台钓则相差不大。

垂钓入门虽然简单，但要成为垂钓高手，必须经过一段时间的练习，必须有足够的经验积累。垂钓经验的积累是多方面的，不仅要有足够的钓时数，更重要的是要有足够的上鱼数。不上足够的鱼，是难以真正领悟漂讯的，而且必须包括上足够数量的大鱼。因为不多上大鱼，你就缺少溜鱼的经历，碰上大鱼就可能会把握不住机会。

不同的季节、不同的天气、不同的垂钓水域，其鱼情是不同的。根据钓场的具体鱼情，只有采取相应的钓具钓法、选择正确的钓位、用对路的钓饵，才能钓更多的鱼。鱼情千变万化，因而钓无定法，只有上鱼才是硬道理。要想钓到鱼、钓更多的鱼，必须根据鱼情临场应变。临场应变是垂钓的核心。垂钓需要临场应变，使得垂钓成为一项体力与脑力相结合的运动方式，具有了无限的魅力。

钓技钓法是不断发展的，钓技钓法的发展与科学进步密切相关。例如，玻璃纤维的合成成功，使钓竿的性能上了一个台阶；碳纤维的诞生，使钓竿的性能再上一个台阶，使得单手握竿垂钓成为可能，从而为台钓的诞生提供了物质基础。试想一下，如果没有科学的进步，没有强度、韧性、弹力等性能达标、又挥舞自如的钓竿做基础，是无法构建以快速著称的台钓系统的。再如，各种香精、氨基酸等诱食剂的提取、合成成功，为面食类钓饵的调配打开了广阔的空间；小麦纤维蛋白、雪花粉的提取成功，使得面食类钓饵在水中状态的调控成为可能，也为拉饵的发明打下了基础。

钓技钓法的发展与产业支持是分不开的。台钓在短时间内得以迅速发展，其产业支持功不可没。“传统钓”发展缓慢，在很大程度上是受制于缺乏产业的支持。由于缺少产业的支持，“传统钓”技法上的改进、改良往往局限于高手的DIY，而不能迅速普及、推广。例如“传统钓”中的包食钓法已出现多年，但至今都没有形成规模化的包食商品钓饵。包食钓法虽然现已比较流行，但真正高水平的包食钓（用针对性强、状态佳的诱饵做包食）仍然是少数高手的独门绝技。再例如，“传统钓”的高手们早就清楚调漂的重要性，DIY出各种用于调漂的替代品，由于缺少产业的支持，能方便地调漂也成了高手们的“秘籍”。缺少相应的配件，压制了“传统钓”技法的改进空间。高手们 DIY 出了有效的钓具配件，缺少了产业支持，不能商品化，使得技法的改进不能普及推广。

各种钓法的相互取长补短、融会贯通，促进了钓技钓法的进一步发展。台钓在我国钓鱼界引起了巨大的震撼。台钓的快速、高效的确让人感到神奇。台钓的技术核心是悬坠漂系、齐竿线，台钓的基础是有了可单手操作的轻便钓竿。悬坠漂系、齐竿线不是台钓的首创，悬坠漂系、齐竿线在我国的传统钓法中均是早已存在的，但台钓吸取了传统钓法中悬坠、齐竿线的精华，通过集成创新，造就了一套全新的垂钓技法系统。台钓使“传统钓”受到了巨大的冲击，许多钓友将“传统钓”的钓具束之高阁,转向台钓。但台钓同时为“传统钓”带来了一片生机。台钓的技法理念为“传统钓”的改进、完善打开了想象空间，台钓众多的小配件极大地方便了“传统钓”线组的改进尝试。许多“传统钓”高手为了重振“传统钓”雄风，公开了自己的独门绝技,使“传统钓”的高级技术得以普及,大众的“传统钓”技术有所提高。

垂钓是一项很好的户外活动，可在娱乐中达到锻炼身体、陶冶情操的目的，而且全民都可参与。垂钓并不难，只要愿意参与，拿起钓竿就可享受到垂钓带来的快乐。垂钓无止境，总有挑战在等待着你。

图书在版编目（CIP）数据

垂钓 / 郜斌编著. -- 长春 : 吉林文史出版社, 2014.7（2023.6重印）

ISBN 978-7-5472-2224-9

Ⅰ. ①垂… Ⅱ. ①郜… Ⅲ. ①钓鱼（文娱活动）– 基本知识 Ⅳ. ①G897

中国版本图书馆CIP数据核字(2014)第133995号

垂钓

CHUIDIAO

出 版 人　张　强

主　　编　周殿学　周洪生

编　　著　郜　斌

责任编辑　王　新

封面设计　袁　野

出版发行　吉林文史出版社

地　　址　长春市福祉大路5788号

网　　址　www.jlws.com.cn

开　　本　720mm × 1000mm　1/16

印　　张　12

字　　数　100千

印　　刷　天津市天玺印务有限公司

版　　次　2015年8月第1版　2023年6月第4次印刷

书　　号　ISBN 978-7-5472-2224-9

定　　价　59.80元